UNE PAGE D'HISTOIRE

LE SIÈGE
ET LA
COMMUNE DE PARIS
EN 1871

PAR

M. Gabriel CHAUSSON

CONSEILLER MUNICIPAL D'ASNIÈRES (SEINE)

PARIS
AUGUSTE GHIO, Éditeur
PALAIS-ROYAL, 1, 3, 5, 7, GALERIE D'ORLÉANS

1880

UNE PAGE D'HISTOIRE

UNE PAGE D'HISTOIRE

LE SIÈGE
ET LA
COMMUNE DE PARIS
EN 1871

Par M. Gabriel CHAUSSON

CONSEILLER MUNICIPAL D'ASNIÈRES (SEINE)

PARIS
AUGUSTE GHIO, Éditeur
PALAIS-ROYAL, 1, 3, 5, 7, GALERIE D'ORLÉANS
—
1880

PRÉFACE

Je viens raconter ce que j'ai vu dans ma carrière, afin que les personnes qui s'occupent et s'occuperont des événements qui ont eu lieu pendant le siège et la Commune de Paris (1870-1871) puissent y trouver quelques matériaux nécessaires à l'effet de bâtir un édifice capable de contenir les nouvelles générations à l'abri de toute révolution.

N'attendez pas de moi autre chose que la vérité, car je serai, pour cette époque douloureuse, complètement impartial.

Il faut que chaque personne qui a assisté à ces événements fasse comme moi, qu'elle apporte aussi la vérité, et l'historien pourra puiser dans ces sources fécondes ce qui ne doit jamais faire défaut : la lumière !

Aveugle qui ne la verra pas.

Gabriel CHAUSSON,

CONSEILLER MUNICIPAL D'ASNIÈRES.

Janvier 1880.

RÉPUBLIQUE DE 1848

Je suis né le 20 décembre 1839, à Foix (Ariège).

La révolution de 1848 a laissé dans mon cœur des racines profondes d'indépendance.

Je me rappelle toujours que j'étais avec plusieurs camarades de mon âge à jouer dans la rue des Chapeliers, à Foix (ceci devait être quelques jours après la proclamation de la République à Paris, 24 février 1848), vers les huit heures du soir, lorsque j'entendis, au bout de la rue, des hommes qui criaient : « Vive la République ! » J'avoue que je ne savais guère en ce moment-là apprécier l'importance de ce cri; mais ce que je sais à merveille, c'est qu'il est certain que mon âme en a conservé un précieux souvenir.

Je suivis ces mêmes hommes qui avaient poussé ce cri et nous parcourûmes la ville de quartier en quartier; de telle sorte qu'au bout d'une demi-heure, une grande partie de la population s'était réunie à la place Saint-Volusien.

J'entendis chanter pour la première fois l'hymne immortel : *la Marseillaise!*

> Allons, enfants de la patrie!
> Le jour de gloire est arrivé!

Ce chant sublime est resté tellement incrusté

dans ma mémoire, qu'aujourd'hui, après trente-deux ans, je n'en ai rien oublié.

Nous savons tous que Louis-Philippe abandonna un beau jour les Tuileries, en partant dans un fiacre avec son parapluie, laissant la France livrée à elle-même. Ce fut une joie universelle, car les hommes, femmes et enfants s'ornèrent d'une cocarde tricolore pour fêter ce grand jour.

Plusieurs trônes, en Europe, s'ébranlèrent au souffle de cette Liberté !

Ce fut une révolution toute pacifique, généreuse et grande, n'ayant d'autre souci que de faire le bien général, et d'autre préoccupation, que le bonheur de la France !

On ne comptait pas en ce moment-là, on ne croyait pas qu'une nouvelle monarchie pût revenir en France, qu'un second despote pût à nouveau faire un crime pour étrangler cette République.

Je n'ai pas à rappeler que, pour sauvegarder cette même République, la majorité des députés, ceux-là mêmes qui, comme toujours, avaient été nommés comme républicains suivant leur profession de foi, nommèrent président de la République : Louis-Napoléon Bonaparte !

Il jura, en vertu de la Constitution, à la face des représentants de la France et du monde entier, de respecter la Constitution, de la servir fidèlement et de la défendre envers et contre tous.

Nous savons aussi que le 2 décembre 1851, le coup d'Etat eut lieu et que la France se réveilla sous la botte d'un grand despote, sous le nom de Napoléon III, empereur des Français.

Il est certain que sans ce criminel, la France serait aujourd'hui la première nation du monde, et il est plus que probable que nous aurions depuis longtemps déjà la République universelle !

J'ai toujours remarqué et observé que pendant une révolution, les gens de l'ordre ou monarchistes ont bien le soin de mettre immédiatement leur drapeau en sûreté, de passer à l'étranger ou bien de se cacher ; mais quand tout est fini, que la République a été installée, lorsqu'ils n'ont plus rien à craindre (attendu qu'ils savent bien qu'elle est très-bonne fille), oh ! alors, ils recommencent à montrer leur drapeau, tâchent de l'étrangler en la couvrant de fleurs.

Les prêtres, eux, bénissent tous les arbres de la Liberté ; mais aussitôt qu'elle est morte, ils s'empressent de chanter le *Te Deum* traditionnel en l'honneur de l'assassin, en envoyant au ciel tout ce qu'ils peuvent lui adresser en prières et en louanges.

Nous verrons heureusement pour l'humanité, à la fin de cet ouvrage, que le crime ne reste pas impuni et que l'homme qui s'en était rendu coupable a remis, comme parjure qu'il était, son épée à l'empereur d'Allemagne ; puis fait prisonnier de guerre et mort en exil non loin de la France qu'il avait voulu anéantir.

La France pourra enfin reprendre les vrais principes de la Révolution de 89.

Aujourd'hui, cette grande époque devient lumineuse, car elle a préparé notre *credo* moderne.

J. Michelet nous donne la grande figure de cette Révolution de 89.

« Oui, la Révolution fut désintéressée. C'est son côté sublime et son signe divin.

« Brillant éclair au ciel. Le monde en tressaillit. L'Europe délira à la prise de la Bastille ; tous s'embrassaient (et dans Pétersbourg même) sur les places publiques. Inoubliables jours ! »

La France va renaître et se lever; elle va redevenir le berceau de l'humanité.

Oui, c'est le berceau de notre Patrie que nous avons sous les yeux. Serrons nos rangs pour le protéger et le sauver, afin de le soutenir sur les grandes eaux, où je le vois flotter sur la mer, se dirigeant vers les rives de l'avenir.

Je m'arrête pour ne pas anticiper sur les événements qui vont se dérouler devant nos yeux.

Aussi je vais passer rapidement sur le triste règne de Napoléon III, afin de ne pas sortir du cadre que je me suis imposé :

Le Siège et la Commune de Paris !!!

ANNÉE 1863

Le 12 août 1854, j'entrai à l'âge de quatorze ans comme commis au bureau de l'enregistrement et des domaines à Foix.

Lorsque j'eus le droit de voter à vingt et un ans, mon premier vote fut pour le candidat républicain, contre le candidat du gouvernement. Depuis et toujours j'ai voté pour la République.

Nous arrivons après la guerre de Crimée, en l'année 1863; j'avais toujours la même position, mais ce poste n'étant pas assez rémunéré, je résolus de le quitter; à cet effet, je fis des démarches pour entrer à la préfecture de l'Ariège, comme employé.

J'obtins cette faveur et fus nommé surnuméraire.

Le préfet de cette époque était M. Amelin.

Le premier de l'an, comme c'est la coutume, tous les employés, du plus petit au plus grand, sont tenus de faire une visite au préfet. Je fus convoqué comme les autres et je m'y rendis.

La salle de réception était au rez-de-chaussée : salle splendide, vaste, meublée très-richement avec la plus grande élégance, dorures et glaces partout, avec deux grandes toiles, c'est-à-dire deux tableaux en peinture; l'un représentant le portrait de l'empereur et l'autre, en face, celui de l'impératrice.

On se serait cru transporté aux Tuileries. Voilà comment le gouvernement gaspillait l'argent des contribuables.

Je vois toujours cet homme, grand, sec, ayant environ 50 ans, parlant très-difficilement, se tenir dans la salle de réception, tournant le dos au portrait de l'empereur, en habit de cérémonie, épée au côté, cousu d'or; il était là comme sur un trône.

Nous entrâmes; les chefs de bureau se mirent devant, et nous, qui étions environ soixante, formâmes le cercle.

Voici le sens du discours que j'entendis : « Vous ne devez pas ignorer que le gouvernement de Sa Majesté l'Empereur a une tendre sollicitude pour tous ses employés; aussi vous demande-t-il à tous un concours dévoué et sans bornes. Mais en ce moment-ci, je vais m'adresser aux jeunes (*il me désignait en même temps du regard*); c'est surtout à eux, c'est-à-dire à cette nouvelle génération, que je parle. » Je ne sais pas ce qui se passa dans mon être, mais à ces mots je reculai comme mu par un ressort et je sortis sans être aperçu. J'avais cru, en entrant à ce poste, qu'en y travaillant comme un employé doit y travailler, on pouvait y suivre sa carrière, sans que personne vînt demander vos opinions. Eh bien, grande était mon erreur! Le lendemain 2 janvier, j'adressai ma démission au préfet, en le priant de vouloir bien l'agréer.

Le 26 juin 1864, je suis entré comme caissier principal à la Grande Maison de blanc, à Paris.

PLÉBISCITE

J'arrive maintenant aux grandes époques, c'est-dire à la fin de ce règne néfaste qui a failli faire rayer la France de la carte de l'Europe.

Le gouvernement de l'empereur se voyant de jour en jour glisser peu à peu à sa fin, ne voulant pas laisser échapper un si beau trésor, résolut de s'y maintenir, n'importe par quel moyen, afin de conserver cette belle couronne à son fils, qui devait prendre le n° 4.

Le moyen fut bientôt trouvé : *le Plébiscite*.

Il fallait compenser le prestige perdu dans les guerres insensées qui avaient été entreprises : Crimée, Mexique, Italie.

Ici se place la pensée diabolique que ce gouvernement a caressée de vouloir, avec ce plébiscite, se faire amnistier tous ses crimes, en déclarant la guerre à l'étranger, afin de revenir avec des lauriers et refaire un second coup d'Etat (1).

Le plébiscite fut décrété pour le 3 novembre 1869.

---

(1) Lors de la révolution du 4 septembre, la commission chargée de dépouiller les correspondances des Tuileries a trouvé la liste des républicains qui devaient être déportés comme au 2 décembre.

Les républicains s'organisèrent en vue du vote qui allait être émis, et par l'organe de leurs journaux, donnèrent le conseil à tout véritable patriote, à tout bon Français, de voter non, afin d'éviter de grands malheurs : car, disaient-ils, si vous votez oui, c'est la guerre !

Je fis une grande propagande auprès de tous ceux que je pouvais approcher pour faire voter non et surtout à la maison de commerce où je suis.

Le jour du vote arriva ; et Paris, ainsi que les grandes villes de France, vota à une grande majorité : Non ! Mais la province avait voté à une grande majorité oui (sept millions). On sait par quelle pression administrative les paysans furent forcés de voter oui.

Je n'ai pas à raconter ici l'histoire de la résurrection de Baudin, ni celles de Rochefort, Victor Noir et la mise en accusation du prince Pierre Bonaparte. Tous ces faits ébranlèrent tellement ce navire vermoulu, l'empire ! qu'il faisait eau de toute part, et que tout le monde pensait que l'empire était terminé. Seulement, les hommes libéraux craignaient cette catastrophe, ne savaient comment la conjurer, car, comme nous le savons tous, dans ces moments critiques, chaque parti veut tirer les marrons du feu pour son compte personnel.

DÉCLARATION DE GUERRE A LA PRUSSE

PAR LA FRANCE

Ce que les républicains avaient prévu ne se fit pas longtemps attendre, car au commencement de l'année 1870, les bruits de guerre furent mis en circulation par les journaux de l'empire, au grand étonnement de la France et du monde entier.

Le trône d'Espagne était en ce moment-là vacant, par suite de la révolution qui s'était accomplie en Espagne.

La cour prussienne mit en avant, comme candidat au trône, un prince prussien : Léopold de Hohenzollern ! Aussitôt, le gouvernement de l'empereur, trouvant que la Prusse n'avait pas ce droit, fit demander des explications au roi Guillaume. Après bien des démarches, télégrammes et autres, l'ambassadeur d'Espagne, le 12 juillet 1870, annonça officiellement au gouvernement français la renonciation du prince Léopold de Hohenzollern à la candidature au trône d'Espagne.

L'empereur ne voulut pas se contenter de cette satisfaction, donna l'ordre à notre ambassadeur de faire signer par le roi Guillaume la déclaration ci-dessus. Lorsque l'ambassadeur se présenta, Guillaume ne voulut pas le recevoir ; c'est de là que la guerre de 1870 est sortie.

Il fallait cette guerre, c'était décidé, et voyez pour quelle futilité.

Le peuple français n'avait pas songé à ce gouvernement despote, qui avait résolu la guerre pour ne pas perdre le trône.

Le 18 juillet 1870, Rouher adresse au chef de l'Etat ces paroles :

« Grâce à vous, la France est prête.

« L'heure du péril est venue, mais l'heure du triomphe aussi. Bientôt l'Allemagne sera affranchie, la paix, une paix due à la gloire de nos armes, amènera avec elle des réformes nouvelles, et le progrès n'aura subi d'autre temps d'arrêt que celui que vous aurez employé à vaincre. »

La France se réveilla le 19 juillet, avec une déclaration de guerre à la Prusse.

L'histoire sera impitoyable pour ce gouvernement qui déclare la guerre sans être prêt, sans avoir une seule alliance avec les puissances étrangères, une armée assez nombreuse, manquant de tout.

L'effectif de l'armée française était de 260,000 hommes, contre plus d'un million de Prussiens.

Mais il est prouvé que, malgré cette infériorité, si l'empereur et ses généraux avaient été à la hauteur de leur mission, ils auraient pu vaincre les Allemands en faisant une invasion le lendemain de la déclaration de guerre.

La dépêche de Strasbourg, datée déjà avant la déclaration de guerre, dit :

16 juillet, 7 h. 50 soir.

Les Prussiens concentrent des forces considérables entre Rastadt et Mayence.

Le contingent hessois était déjà formé à cinq heures.

Si nous ne nous dépêchons pas, comme les Prussiens vont très vite, ils prendront l'offensive comme en 1866.

Le télégraphe et les voies ferrées allemandes ne fonctionnent plus pour les particuliers. En outre, les voies sont coupées aux frontières.

Ainsi, il est prouvé que le gouvernement français n'ignorait rien de ce qui se passait en Allemagne. Le lieutenant-colonel Stoffel, agent du gouvernement, avait déjà donné tous les renseignements sur les forces de l'armée allemande.

J'ai commencé à ressentir à cette époque une certaine angoisse et surtout une irritation contre ces hommes se prétendant conservateurs, en voyant jeter ainsi au sort, par des mains criminelles, cette belle France que nous aimons tant; cette race gauloise qui a dans son sein ce glorieux passé : les immortels principes de 89 !

Me voici arrivé à l'année terrible, surnommée ainsi par notre illustre et grand poète Victor Hugo !

Aussitôt la déclaration de guerre faite, nous avons vu des hommes en blouse blanche, accompagnés par ces types qui ont une moustache comme vous la connaissez, chapeau haut de forme, une grosse canne à la main, redingote boutonnée, parcourir les boulevards en criant : « A Berlin ! à Berlin ! à Berlin ! »

Le véritable peuple ne s'y trompait pas du tout, car un vague pressentiment disait : nous succomberons parce que notre armée n'est pas assez nombreuse et que nous n'avons pas de généraux capables de faire une pareille guerre. Voilà pourquoi ces cris restaient sans écho.

Le gouvernement donnait l'ordre de laisser chanter la *Marseillaise*, croyant remuer les masses, « attendu, disait-il, que j'ai besoin de tous les enfants de la Patrie. » Il était trop tard !

Le despotisme de vingt années avait fait disparaître le patriotisme de la masse. Il reconnaissait lui-même qu'il avait entrepris une guerre insensée ; c'était déjà son expiation.

Nous vîmes, trop tard déjà, quelques jours après la déclaration de la guerre, défiler sur les boulevards, pour se rendre à la frontière, les régiments de la garde impériale, amenant avec eux des mitrailleuses cachées sous une espèce de toile cirée. On ne voulait pas les faire voir, disant qu'avec ces engins de guerre les Allemands seraient écrasés. Nous avons su plus tard que la Prusse en avait aussi. Mais on regardait passer ces régiments mornes et silencieux ; la foule était muette, comme si quelque chose de mystérieux était caché dans l'âme et vous disait : « ils vont à la mort sans que la France, en compensation, ait la joie de ne pas les avoir sacrifiés en vain ! »

Nous attendions toujours avec impatience les nouvelles de notre armée ; mais les jours passaient, rien ! Evidemment, on se disait : pas de nouvelles, mauvaises nouvelles. Le gouvernement, à Paris, les gardait vers lui, parce que les premières batailles étaient à notre désavantage. Lorsque, par hasard, il en arrivait une, on nous annonçait que l'armée française avait remporté une victoire, tandis que c'était tout le contraire.

La population parisienne commençait à douter de tout; le moindre bruit du dehors était écouté et colporté partout.

Enfin, le gouvernement commence à nous communiquer les dépêches qui nous annonçaient, hélas! une défaite:

4 août.

Bataille de Wissembourg. — Le général Douai tué. — Wissembourg nous a été enlevé par les Prussiens. — 10,000 hommes contre 80,000 hommes. — Six heures de combat.

6 août.

Sarrebruck, après un combat sanglant, pris par les Français.

8 août.

Les Prussiens ont été, dit-on, écrasés par Mac Mahon; ils ont laissé entre nos mains 25,000 à 30,000 prisonniers.

En un instant on pavoise les balcons, on se prépare à illuminer, lorsque le gouvernement fait dire de ne pas croire à cette dépêche. Ce fut une consternation générale.

Hélas! c'était une fausse nouvelle.

9 août. — Mac-Mahon a perdu une bataille: Reichshoffen.

Sur la Sarre, le général Frossard a été obligé de se retirer.

Le gouvernement, représenté par l'impératrice, commençant à désespérer, nomma, après bien des hésitations et pour ainsi dire forcément, le général Trochu gouverneur de Paris.

Après les deux batailles ci-dessus, il restait

seulement, comme armée française, 222,000 hommes.

10 août. — Après une discussion très importante, à la Chambre des députés et du Sénat, la formation de la garde nationale est votée pour toute la France.

11 août. — Changement de ministère.

Le gouvernement charge Palikao de former un cabinet.

On lisait en ce moment dans le *Figaro* :

« Mais, tôt ou tard, les incapables payent leur dette. Le maréchal Le Bœuf et Rigault de Genouilly, qui avaient si souvent répété avant la guerre qu'ils étaient prêts, archiprêts, succombent sous la lourdeur de leur erreur, et entraînent avec eux les incapacités de leurs illustres collègues. »

La Chambre a renvoyé le cabinet.

Bataille de Frœschwiller.

Mac-Mahon a un cheval tué sous lui ; retraite du maréchal Mac-Mahon et du général de Failly.

Les Prussiens commencent l'invasion et occupent la vallée de la Seille et de Pont-à-Mousson.

12 août. — Entrée des Prussiens à Nancy.

13 août. — Investissement de Strasbourg.

16 août. — Bataille de Borny, gagnée par les Français inutilement.

23 août. — Le gouvernement fait brûler le camp de Châlons.

27 août. — Les Prussiens entrent à Châlons.

Trois batailles sous Metz : la journée du 14, Courcelles ; celle du 16, Vienville ; celle du 18, Gravelotte.

30 août. — Proclamation du gouverneur de Paris :

Le gouverneur de Paris,
Vu la loi du 19 août 1849, sur l'état de siège ;
Vu le décret impérial du 7 août 1870,

Arrête ce qui suit :

ARTICLE PREMIER. — Tout individu non naturalisé Français et appartenant par sa naissance à l'un des pays actuellement en guerre, est tenu de quitter Paris et le département de la Seine dans le délai de trois jours, de sortir de France et de se retirer au-delà de la Loire.

ART. 2. — Tout individu tombant sous le coup de l'injonction précédente, qui ne s'y sera pas conformé et n'aura pas obtenu une autorisation du gouverneur de Paris, sera arrêté et livré aux tribunaux militaires pour être jugé conformément à la loi.

Paris, 28 août 1870.

Général TROCHU.

30, 31 août et 1ᵉʳ septembre. — Bataille de Sedan.

« Les Allemands étaient au nombre de 240,000. On peut évaluer les forces françaises à 100,000.

» Mac-Mahon est blessé et donne son commandement à Wimppfen, pour que celui-ci capitule en rendant Sedan. L'empereur prisonnier. Bazaine enfermé dans Metz.

» Toute l'armée de Mac-Mahon prisonnière, et tout son matériel de guerre au pouvoir des Prussiens. Le but de Mac-Mahon était d'aller délivrer Bazaine enfermé dans Metz.

» Malgré les combats des 30 et 31 août, Mac-Mahon pouvait encore continuer sa marche sur Metz, car son armée était encore très forte et capable de se maintenir. Sa retraite sur Sedan a été sa perte, et tous les soldats avaient eu ce triste pressentiment; il n'a voulu écouter aucun conseil, et tout ce qui s'est accompli a été prévu. Par conséquent, c'est à lui qu'en incombe toute la responsabilité. »

(Ecrit par un officier prisonnier.)

La lutte fut gigantesque, et nos soldats furent magnifiques; les Prussiens, eux-mêmes, ont reconnu que si l'armée avait été bien dirigée, à deux contre un, ils auraient été toujours battus. Ils ne pourront jamais nous vaincre qu'avec des forces écrasantes.

Les victimes furent nombreuses, car, du côté des Prussiens, il y eut environ soixante mille morts, et, de notre côté, trente mille, plus quatre-vingt-dix mille prisonniers.

Ces chiffres parlent assez éloquemment contre la guerre; tout commentaire est inutile.

Il faut reléguer parmi les on-dit la blessure du maréchal de Mac-Mahon.

Les renseignements donnés par le *Français* sont, à cet égard, formels :

« La maréchale de Mac-Mahon a dit hier soir à une personne de ses amies et qui était allée la voir, sur la nouvelle de la blessure de son mari : « C'est avant-hier que le sous-préfet de Mézières a envoyé cette dépêche où il rappelait que le maréchal avait été blessé. Mais j'ai reçu depuis une dépêche du quartier général annonçant que le maréchal était sain et sauf. »

Nous étions ainsi arrivés au 3 septembre 1870, lorsque, dans la matinée, un bruit se répandit dans tout Paris, comme la foudre, que notre armée vaincue était prisonnière!

Je ne veux pas continuer sans rendre ici un hommage éclatant à nos braves soldats, qui ont lutté avec une bravoure surnaturelle; car les Allemands savent combien ils ont laissé de morts sur les champs de bataille, malgré leur supériorité en nombre.

Que la mémoire de ces soldats obscurs soit à jamais bénie!

Ils ont combattu pour la France, pour la patrie!

Ils sont tombés en héros au champ d'honneur!

Leur exemple survivra.

Je donne ici, pour la nouvelle génération, le dernier couplet de notre immortelle *Marseillaise*:

> Nous entrerons dans la carrière,
> Quand nos aînés n'y seront plus.
> Nous y trouverons leur poussière
> Et la trace de leur vertu!
> Bien moins jaloux de leur survivre,
> Que de partager leur cercueil,
> Nous aurons le sublime orgueil
> De les venger ou de les suivre!

Aussitôt que cette nouvelle vint à moi, j'étais à ma caisse à travailler debout à mon pupitre. Je reçus une telle commotion que mes jambes fléchirent et je tombai sur une chaise. Je restai pendant cinq minutes sans savoir où j'étais. Ne pouvant sortir immédiatement pour avoir des nouvelles, attendu que mon travail m'empêchait de le faire, je résolus d'attendre le soir, de me mettre dans le mouvement qui ne pouvait s'empêcher de se produire et de demander, pour éviter de plus grands malheurs, la déchéance de l'empire.

J'habitais, en ce moment-là, 6, rue des Dames, à Batignolles.

Je sortis une heure avant la fermeture des magasins pour rentrer chez moi et annoncer à ma femme cette fatale nouvelle. « Un grand malheur, lui dis-je, est arrivé à la France ; les Prussiens, victorieux, marchent sur Paris, et il faut s'attendre à des malheurs inouïs. Il faut élever son âme à la hauteur de ses devoirs ! » J'ajoutai ensuite :

« L'heure des résolutions viriles a sonné ; il faut que chaque homme valide soit prêt au combat, en cas d'invasion, et certes, je serai le premier à offrir ma vie à ma patrie ! Aussi, à partir d'aujourd'hui je ne m'appartiens plus. Fais des vœux ardents pour que notre chère France soit sauvée. »

Ma femme, comprenant son saint devoir, me répondit : « Fais ce que ta conscience te dictera et advienne ce que pourra. »

Je me mis à table immédiatement, et dix minutes après, j'étais sur le boulevard des Capucines où je rencontrai mon neveu Paul Leblanc. Il était à peu près sept heures du soir ; il faisait une nuit profonde, mais belle et grandiose ; le firmament était constellé d'étoiles brillantes.

Nous étions à causer tous les deux des événements de la journée, lorsque nous entendîmes au loin du boulevard crier : « La déchéance ! la déchéance ! la déchéance ! » Nous nous dirigeâmes immédiatement de ce côté-là, et spontanément comme par enchantement, la chaussée du boulevard des Italiens fut couverte d'une foule compacte d'hommes marchant au pas et répétant ce cri ; bientôt les voitures ne marchèrent plus, la chaussée fut prise par ce peuple de Paris, tant calomnié et si grand pourtant! Ce fut un spectacle sublime et grandiose à la fois; plus on marchait, plus la foule devenait immense.

On peut l'évaluer environ à plus de cinquante mille hommes et enfants, qui couvraient la chaussée depuis la Bastille jusqu'au théâtre du Vaudeville, répétant ce cri. C'était un océan humain! Ces hommes marchant en cadence, 50,000 poitrines répétant ensemble : « La déchéance! la déchéance! la déchéance! »

Lorsque nous fûmes arrivés en face de l'Opéra, il y eut quelques citoyens, de ceux qui étaient des premiers, qui donnèrent l'ordre de rester sur place pour faire une motion; deux hommes en prirent un autre, le tinrent haut par les jambes et il s'exprima ainsi :

« Vous savez, citoyens, que la France a été humiliée et que par conséquent elle est en deuil; qu'il nous faut ce soir pour la sauver, la déchéance de ce régime néfaste qui s'appelle l'empire. (*Oui! oui! oui!*) La garde nationale n'est pas loin d'ici, place Vendôme; nous allons y aller pour prendre les gardes qui sont là, pour aller ensemble au Corps législatif où les députés sont en ce moment-ci en séance, à l'effet de faire voter la déchéance. » *Oui! oui! oui! —Bravo! bravo! bravo!*)

Nous nous remîmes en marche répétant toujours le même cri et arrivâmes à la place Vendôme. Là, un des premiers citoyens se détacha pour parlementer avec un des gardes nationaux, qui commandait le poste. Je le vois encore, ce garde, un homme de haute taille qui s'avança et après quelques paroles échangées, prit une chaise, monta dessus et fit le discours suivant :

« Citoyens,

« Les députés ne siègent pas ce soir, mais si vous voulez bien, nous allons ensemble trouver les députés de la gauche qui sont en ce moment à leur réunion habituelle, rue de la Sourdière ; et là, nous leur demanderons ce qu'ils comptent faire. Mais avant de terminer, je puis vous dire que, vous pouvez compter sur la garde nationale, qui est avec vous d'esprit et de cœur pour réclamer la déchéance de l'empire. »

Un tonnerre d'applaudissements répondit à ces paroles.

On se remit en marche, toujours avec la même cadence et réclamant la déchéance. Nous arrivâmes au lieu de réunion des députés de la gauche ; le garde rentra et en sortit quelques instants après en faisant signe qu'il voulait parler et voici ce qu'il dit :

« Les députés ne sont pas là, ils n'ont pas de réunion. Si vous voulez m'en croire, Citoyens, pour ce soir, ne faisons absolument rien ; que chacun rentre chez soi et demain dimanche 4 septembre, réunion à la place de la Concorde vers midi. Les députés siègeront pour délibérer sur la situation et, quoi qu'il arrive, soyez persuadés que justice sera faite. »

On applaudit ce langage à outrance.

Mais au lieu de se séparer, la même foule reprit les rues d'Aboukir et autres et regagna les boulevards. Lorsque nous arrivâmes boulevard Bonne-Nouvelle, il était à peu près minuit. Je dis à mon neveu : « Retirons-nous, et demain à midi soyons à la place de la Concorde. »

J'ai su le lendemain qu'après notre départ, les sergents de ville du poste du boulevard Bonne-Nouvelle sortirent en masse, se ruèrent comme des forcenés avec casse-tête, épées et revolvers sur la première colonne de la foule, en tuèrent un, en blessèrent plusieurs ; mais l'océan était là, passa et les sergents de ville furent impuissants à s'opposer à cette grande et importante manifestation.

Cette manifestation cessa vers une heure du matin et tout rentra dans le calme.

Nous emportâmes de cette grande et pacifique manifestation, l'espoir de voir triompher cette révolution, née dans des circonstances douloureuses, afin de pouvoir sauver notre chère Patrie.

Aussi étions-nous impatients d'arriver à ce grand jour, 4 septembre, pour voir écrouler ce trône dont l'invasion étrangère était le couronnement.

A partir de ce jour, la France n'avait plus de gouvernement, par le fait même que l'empereur Napoléon III avait rendu son épée à la Prusse, sur le sol même de la Patrie.

Nous devons maintenant élever nos âmes vers l'avenir, en travaillant sans cesse à faire le bonheur de la France.

Fils de 89 ! Souvenons-nous toujours de nos pères qui ont remis entre nos mains le dépôt sacré de la liberté !

Gardons-le précieusement, ce dépôt, ne le laissons pas dépérir entre nos mains ; bien au contraire, il faut le faire progresser, pour que la nouvelle génération puisse dire de nous : ils étaient bien les descendants de cette noble et grande génération.

Marchons tous ensemble avec l'immortelle devise de la révolution de 1848 :
>Liberté !
>Egalité !
>Fraternité !

Cette devise n'est pas un vain mot, attendu qu'elle a pour couronnement :
Le Suffrage Universel !

LE 4 SEPTEMBRE

~~~~~~~~~

Un temps magnifique, sans un nuage, un soleil radieux, un de ces beaux jours du mois de septembre qui est pour nous le meilleur mois de l'année.

Je puis répéter, après notre grand immortel chansonnier Béranger, ce qu'il a écrit pour le 14 juillet, le jour de la prise de la Bastille :

<div style="text-align:center">
Un beau soleil a fêté ce grand jour,
A fêté ce grand jour.
</div>

Après le déjeuner à onze heures du matin, j'embrassai ma femme et mon enfant en leur disant : « Au revoir et ayez confiance. »

Je descendis la rue et je fus directement à la maison de commerce, 6 boulevard des Capucines, pour prendre mon neveu. Nous quittâmes la maison à onze heures et demie. Nous n'avions pas fait quelques pas que nous vîmes arriver de tous les côtés une foule immense qui se portait vers la place de la Concorde. Nous nous dirigeâmes immédiatement du côté de la Madeleine et arrivâmes avec beaucoup de peine à la place de la Concorde. Nous étions là depuis deux minutes, lorsque la bonne de mon neveu vint le chercher pour rentrer de suite chez lui, attendu que sa femme était très-sérieusement malade. Je dis à mon neveu : « Tu peux partir, je te remplacerai ici. »

Lorsque je fus seul, je fis tous mes efforts pour avancer un peu, car il y avait une telle agglomération d'êtres humains, qu'il était presque impossible de se frayer un passage. Ce ne fut qu'une demi-heure après que je pus arrivé auprès de l'obélisque, en face le pont de la Concorde. Je vis partout sur les toitures des maisons, sur les parapets des ponts, sur les marches du Corps législatif, dans la cour, aux Champs-Elysées, aux Tuileries, c'est-à-dire tant que la vue pouvait apercevoir, une mer humaine ! Il y avait aussi de la troupe de ligne, des gardes municipaux à cheval en grande quantité, beaucoup de sergents de ville.

Je me mis avec un groupe d'hommes et enfants ; là nous entonnâmes de toutes nos forces le *Chant du départ :*

> La République nous appelle !
> Sachons vaincre ou sachons périr !
> Un Français doit vivre pour elle !
> Pour elle un Français doit mourir !

Au même instant on entendit, comme par enchantement, du nord au midi, ce chant républicain.

Après quelques instants, je me retournai du côté des gardes municipaux, car nous touchions à six centimètres près leurs chevaux; j'entendis que des personnes disaient aux officiers : « Allons ! vous pouvez partir, vous n'avez rien à faire ici. » Mais on comprenait qu'ils étaient forcés d'attendre et qu'ils attendaient des ordres. Nous étions là depuis un moment, lorsque j'aperçus quelques gardes nationaux qui disaient à d'autres : « Soyez certains, sous peu des gardes nationaux vont venir en arme. » Il faut dire que la foule chantait toujours, que l'on criait : « Vive la République ! A bas les Bonapartes ! »

En effet, un quart d'heure à peine après je vis apparaître de la rue de Rivoli, environ deux cents gardes nationaux en armes qui avançaient de notre côté ! La foule s'écartait un peu pour leur laisser un passage. Aussitôt arrivés près des gardes municipaux ils les entourèrent, ainsi que les sergents de ville. Un officier de la garde nationale apostropha le capitaine des gardes municipaux en lui disant : « Mettez votre sabre au fourreau et partez de suite, si vous voulez éviter de grands désagréments. » Le capitaine ne se le fit pas dire deux fois et dit à sa troupe : « Sabre au fourreau et en route ! » Ils prirent du côté de la Madeleine et disparurent à nos yeux aux applaudissements de la population entière.

La victoire était restée au peuple.

J'entendis immédiatement crier de tous les côtés à la fois : « Vive la République ! — La République ! La République ! » Un quart d'heure n'était pas encore écoulé que du pont où nous étions, nous vîmes sortir du Corps législatif Gambetta s'approchant d'une colonne et écrire avec un morceau de

craie en gros caractères : « Vive la République ! »
Une explosion de bravos qui durèrent au moins un quart d'heure, répondit à cette inscription.

Ce ne fut qu'à partir de ce moment que je pus marcher en avant et arriver sur les marches du Corps législatif où je vis beaucoup de gardes nationaux qui chantaient, d'autres disant : Quel bonheur ! Nous sommes enfin débarrassés pour toujours de ce gouvernement criminel qui finit par la honte ! Peu à peu la foule vint à circuler.

Un ordre venu de l'enceinte du Corps législatif ordonnait aux gardes nationaux de faire évacuer le pont, afin de laisser passer les régiments qui allaient défiler. En effet, la foule obéit immédiatement et alors, on vit ceci : des détachements de régiments de ligne, chasseurs et autres, qui devaient être casernés aux Tuileries, défiler sur le pont de la Concorde. Toute la foule qui était au Corps législatif, à la place de la Concorde, aux environs criait à cette armée : « Vive l'armée ! A bas l'empire ! Vive la République ! les insignes de l'empire à l'eau ! »

Voici ce que je vis :

Chaque soldat et chaque officier prenait sa coiffure, enlevait l'aigle et la jetait dans la Seine, en criant : « Vive la République ! » Ce défilé dura environ une demi-heure.

Lorsque ce défilé fut terminé, je descendis au bas des escaliers du Corps législatif, et là, je m'aperçus que toute cette foule prenait dans des vases où il y avait des arbustes, des branches pour les distribuer à chaque personne. J'en pris un morceau et en ornai ma boutonnière.

Je n'avais pas fini de m'orner de cet insigne que j'entendis crier : « à l'Hôtel de Ville ! » Je fis comme beaucoup de personnes, je suivis la foule. On prit le long des quais du côté de la préfecture de police. En face la préfecture, sur le quai, je vis un capitaine à cheval avec ses gardes rangés en bataille, sabres hors du fourreau. Un citoyen s'avança vers le capitaine en lui disant : Mais c'est fini, que faites vous là? C'est inutile de rester, la République est proclamée. Eh bien! dit le capitaine à ses hommes, allons! en route! et partons! Toute cette garde disparut à nos yeux aux applaudissements de tout le monde. Nous continuâmes notre chemin et arrivâmes à l'Hôtel de Ville.

Il y avait sur la place de l'Hôtel-de-Ville une foule immense ainsi que dans les galeries et partout. Je pus, à force de bonne volonté, traverser cette place et arriver ainsi dans la cour. Je venais d'y entrer, lorsque je m'aperçus que du haut des salles, on jetait dans la cour des bustes en marbre blanc représentant l'empereur, l'impératrice et le prince impérial, en criant : « A bas les tyrans! »

Je montai assez lentement, attendu que tous les escaliers étaient encombrés, à la salle Saint-Jean, salle du conseil municipal. Un garde national s'approcha de la table qui était près de la cheminée sur laquelle était un grand tableau représentant l'empereur en général avec l'écharpe rouge, monta sur la table, prit une chaise, et là, tirant son sabre, se mit en devoir de couper, morceau par morceau, la toile en disant : « tiens, *Criminel! Parjure! Lâche!* ». Il en distribua à tout le monde et en même temps s'approcha d'une fenêtre et jeta tous les morceaux qui lui restaient à la foule qui était sur la place ; on les recevait avec des applaudissements frénétiques.

Aussitôt ce travail terminé, j'entendis derrière

moi des personnes qui disaient : « Voilà Jules Favre ! Arago ! Gambetta ! Garnier Pagès ! » Plusieurs personnes demandèrent le silence. Jules Favre prit la parole et s'exprima à peu près en ces termes :

« Citoyens !

» Aujourd'hui, 4 septembre, une révolution pacifique s'est accomplie. Il n'y a pas eu la moindre discorde, tout s'est passé au milieu d'un calme surprenant. Vous avez bien mérité de la France et de la République ! Cette République, qui nous est si chère, a été acclamée par tout un peuple sans qu'une seule protestation ait eu lieu. Malheureusement la patrie est en deuil, et avant de s'occuper de politique, il faut s'occuper de la défense nationale (*Oui ! oui ! oui ! — Bravo ! bravo !*) Les Prussiens viennent faire le siège de cette noble cité ; en conséquence, je vous propose de nommer un gouvernement qui s'appellera : Le gouvernement de la Défense nationale (*Oui ! oui ! oui !*) »

Alors plusieurs personnes proposèrent que tous les députés de Paris qui faisaient partie de la gauche fussent nommés membres de ce gouvernement. Il y eut une explosion de bravos qui dura un quart d'heure. C'est ainsi que le gouvernement de la Défense nationale fut constitué.

Il était environ cinq heures du soir, comprenant que tout était terminé, je rentrai chez moi pour dîner. Je racontai à ma femme tout ce que j'avais vu et entendu, en lui disant : « Ayons confiance ! » Je pris ma petite branche de laurier rose en la plaçant sous le globe de ma pendule, et ce pour garder de cette journée un bon souvenir.

Je puis ajouter que sur tout le long des boulevards et dans la rue de la Paix les enseignes portant l'écusson impérial furent arrachées. On jeta dans les ruisseaux toutes les aigles en cuivre qu'on trouva sur son chemin. Les gardes nationaux en donnèrent l'exemple en détachant celle qu'on avait mise à leur schako.

« Décidément, dit l'un d'eux en riant, cette aigle était une oie. »

D'un autre côté, tout le parti impérialiste prit le train pour fuir de la France. Les uns sont partis sous des déguisements ; les ministres disparurent comme dans une trappe, sans donner un ordre à leurs agents ; le préfet de police se déroba laissant sans chef, derrière les grilles de la préfecture de police, huit cents sergents de ville en armes, et pas une voix ne s'éleva pour discuter la chute et la déchéance.

Voilà la journée du 4 septembre. Je puis encore ajouter que cette journée s'est passée à Paris dans un calme profond ; tous les visages étaient souriants comme dans un jour de grande fête ; pas le moindre désordre, rien, absolument rien que des poignées de mains ; une joie fraternelle ! On était heureux de s'être délivrés d'un gouvernement criminel, sans effusion de sang ; ce gouvernement tomba sous le mépris public de toute la nation.

Le lendemain, 5 septembre, lorsque je me levai, lorsque je voulus parler, je m'aperçus que j'avais complètement perdu la parole ; j'étais enroué d'avoir tant chanté, parlé et crié. Cet enrouement me dura pendant trois jours.

Le 4 septembre, seulement pour mémoire, la

proclamation suivante fut affichée avant la chute de l'empire :

Proclamation du conseil des ministres au peuple français.

Français !

Un grand malheur frappe la patrie.

Après trois jours de luttes héroïques soutenues par l'armée du maréchal de Mac Mahon contre trois cent mille ennemis, quarante mille hommes ont été faits prisonniers.

Le général Wimppfen, qui avait pris le commandement de l'armée en remplacement du maréchal de Mac Mahon, grièvement blessé, a signé une capitulation.

Ce cruel revers n'ébranle pas notre courage.

Paris est aujourd'hui en état de défense.

Les forces du pays s'organisent.

Avant peu de jours, une armée nouvelle sera sous les murs de Paris; une autre armée se forme sur les bords de la Loire.

Votre patriotisme, votre union, votre énergie, sauveront la France.

L'empereur a été fait prisonnier dans la lutte.

Le gouvernement, d'accord avec les pouvoirs publics, prend toutes les mesures que comporte la gravité des événements.

» *Le conseil des ministres :*

Comte DE PALIKAO, H. CHEVREAU, amiral RIGAUD DE GENOUILLY, Jules BRAME, prince DE LA TOUR-D'AUVERGNE, GRANDPERRET, Clément DUVERNOIS, MAGNE, BUSSON-BILLAULT, Jérôme DAVID.

République française.

GOUVERNEMENT DE LA DÉFENSE NATIONALE

Intérieur à préfets, sous-préfets, généraux, gouverneur de l'Algérie et toutes les stations télégraphiques de la France.

La déchéance a été prononcée au Corps législatif.
La République a été proclamée à l'Hôtel de Ville.
Le gouvernement de la Défense nationale, composé de onze membres, tous députés de Paris, a été constitué et ratifié par l'acclamation populaire.

Voici, à titre de document, la proclamation de la rédaction du journal *le Figaro*, numéro 249, du mardi 6 septembre :

LA RÉVOLUTION DU 4 SEPTEMBRE 1870

« Paris a accompli hier une révolution sans qu'un coup de fusil ait été tiré, sans qu'une goutte de sang ait été répandue.

» L'empire a cessé d'exister.

» La République a été proclamée.

» Elle a pris le titre de gouvernement de la Défense nationale, et ce titre suffit à lui rallier, sans distinction d'opinions, toutes les classes des citoyens.

» Quelle que fût la forme du gouvernement appelé à succéder à l'empire, il fallait un pouvoir nouveau pour faire face à l'ennemi qui a envahi notre territoire, qui a déjà détruit deux de nos armées, et qui s'avance vers Paris.

» La catastrophe à laquelle nous assistons est sans exemple dans l'histoire des temps.

» En trois semaines, par la conséquence fatale des fautes accumulées par ceux qui étaient chargés des destinées de ce pays, la France a été livrée à toutes les horreurs de la guerre, et mise au bord d'un abîme.

» En quinze heures, un trône, fondé depuis dix-neuf ans, s'est écroulé; l'édifice, dont l'invasion étrangère a été le couronnement, s'est effondré comme une masse fragile et friable, dont les dehors sont brillants et l'intérieur fait de cendres.

» Chute inouïe dans les annales du passé, et qui a frappé de stupeur tous les hommes qui vivaient d'illusions trompeuses et de funestes chimères.

» Cela ne s'est jamais vu, en effet.

» La révolution qui substitue la république à l'empire, a été faite par l'élément essentiellement conservateur de Paris, par la bourgeoisie armée, c'est-à-dire par la garde nationale. Elle a voulu et autorisé l'envahissement du Corps législatif, qui a fait passer avant la révolution du parlement la volonté du peuple, de créer spontanément un gouvernement capable de sauver la France.

» Dans cette entreprise virile, faite avec calme et résolution, la garde nationale a eu pour auxiliaire les corps francs des volontaires et l'armée elle-même. Tous les soldats qui étaient debout ont levé la crosse de leur fusil pour laisser accomplir l'œuvre indispensable de la justice nationale.

» De fait, la France n'avait plus de gouvernement. L'empereur Napoléon III avait rendu son épée à la Prusse, sur le sol même de la patrie. L'impératrice avait quitté Paris.

» Qui donc pouvait s'emparer de la situation, se mettre à la tête du peuple et chasser l'étranger en maintenant l'ordre public et la sécurité sociale?

» Etait-ce le Corps législatif? Etait-ce le Sénat?

» Il n'est pas besoin d'examiner longuement cette hypothèse pour se convaincre que le régime des deux assemblées, ou l'une d'elles, n'eût enfanté que l'anarchie.

» Ce qui devait être institué, c'était un gouvernement composé d'hommes honorables, fermes, résolus, prêts à tous les sacrifices, pour assurer le salut du pays.

» Nous n'avons pas à mettre en parallèle, aujourd'hui, les avantages ou les inconvénients d'une monarchie ou d'une république. Peu nous importe le nom, c'est un gouvernement qu'il nous faut.

» La France n'a pas le temps de délibérer.

» A l'heure actuelle, elle veut se lever en masse, elle réclame des fusils et des munitions, elle est déterminée à verser jusqu'à la dernière goutte de son sang pour exterminer l'ennemi, reconquérir son indépendance et rétablir son honneur.

» Le gouvernement, quel que soit son nom, qui conduira la France à la délivrance aura éternellement mérité de la patrie.

» Le gouvernement sorti du coup d'État du 2 Décembre a volontairement abdiqué.

» Après avoir perdu la France, il n'a pas eu le courage de se sacrifier.

» Pouvait-on croire que le chef même de l'État, celui que la nation avait placé à sa tête, se serait de lui-même livré à l'ennemi, avec quarante mille soldats, plutôt que de mourir au champ d'honneur ?

» En manquant ainsi au plus sacré des devoirs vis-à-vis de la nation, Napoléon III avait lui-même brisé les pouvoirs qu'il tenait de le volonté souveraine. Il a signé son abdication. »

A partir du 5 septembre, les mairies furent assiégées par la presque totalité des citoyens pour l'incorporation dans la garde nationale.

Je fus à la mairie Drouot pour me faire inscrire, et dès ce moment j'appartins à la garde nationale.

Comme j'avais un pressentiment du siège de Paris, malgré que sous l'empire on avait toujours dit et répété que Paris ne pouvait être assiégé par suite des forts qui l'entouraient, je n'en tins pas compte et écrivis à ma famille, à Foix, de vouloir bien m'envoyer de suite, par grande vitesse, diverses provisions : jambons, lard, graisse, haricots, pommes de terre et lentilles.

Le 6 septembre, le gouvernement de la Défense nationale adresse à l'Europe la circulaire suivante :

Le Gouvernement provisoire à l'Europe

Circulaire adressée aux agents diplomatiques de France, par le vice-président du gouvernement de la Défense nationale, ministre des affaires étrangères :

» Monsieur,

» Les événements qui viennent de s'accomplir à Paris s'expliquent si bien par la logique inexorable des faits, qu'il est inutile d'insister longuement sur leur sens et leur portée.

» En cédant à un élan irrésistible, trop longtemps contenu, la population de Paris a obéi à une nécessité supérieure, celle de son propre salut.

» Elle n'a pas voulu périr avec le pouvoir criminel qui conduisait la France à sa perte.

» Elle n'a pas prononcé la déchéance de Napoléon III et de sa dynastie : elle l'a enregistrée au nom du droit, de la justice et du salut public.

» Et cette sentence était si bien ratifiée à l'avance par la conscience de tous, que nul, parmi les défenseurs les plus bruyants du pouvoir qui tombait, ne s'est élevé pour le soutenir.

» Il s'est effondré de lui-même, sous le poids de ses fautes, aux acclamations d'un peuple immense, sans qu'une goutte de sang ait été versée, sans qu'une personne ait été privée de sa liberté.

» Et l'on a pu voir, chose inouïe dans l'histoire, les citoyens auxquels le cri du peuple conférait le mandat périlleux de combattre et de vaincre, ne pas songer un instant aux adversaires qui, la veille, les menaçaient d'exécutions militaires. C'est en leur refusant l'honneur d'une répression quelconque qu'ils ont constaté leur aveuglement et leur impuissance.

» L'ordre n'a pas été troublé un seul moment ; notre confiance dans la sagesse et le patriotisme de la garde nationale et de la population tout entière nous permet d'affirmer qu'il ne le sera pas.

» Délivré de la honte et du péril d'un gouvernement traître à tous ses devoirs, chacun comprend que le premier acte de cette souveraineté nationale enfin reconquise, est de se commander à soi-même et de chercher sa force dans le respect du droit.

» D'ailleurs le temps presse : l'ennemi est à nos portes ; nous n'avons qu'une pensée, le repousser hors de notre territoire.

» Mais cette obligation, que nous acceptons résolument, ce n'est pas nous qui l'avons imposée à la France ; elle ne la subirait que si notre voix avait été écoutée.

» Nous avons défendu énergiquement, au prix même de notre popularité, la politique de la paix. Nous y persévérons avec une conviction de plus en plus profonde.

» Notre cœur se brise au spectacle de ces massacres humains dans lesquels disparaît la fleur des deux nations qu'avec un peu de bon sens et beaucoup de liberté on aurait préservées de ces effroyables catastrophes.

» Nous n'avons pas d'expression qui puisse peindre notre admiration pour notre héroïque armée, sacrifiée par l'impéritie du commandement suprême, et cependant plus grande par ses défaites que par les plus brillantes victoires.

» Car, malgré la connaissance des fautes qui la compromettaient, elle s'est immolée, sublime, devant une mort certaine, en rachetant l'honneur de la France des souillures de son gouvernement.

» Honneur à elle ! la nation lui ouvre ses bras ! Le pouvoir impérial a voulu les diviser ; les malheurs et le devoir les confondent dans une solennelle étreinte. Cette alliance nous fait invincibles.

» Prêts à tout, nous envisageons avec calme la situation qui nous est faite.

» Cette situation, je la précise en quelques mots ; je la soumets au jugement de mon pays et de l'Europe.

» Nous avons hautement condamné la guerre, et, protestant de notre respect pour les droits des peuples, nous avons demandé qu'on laissât l'Allemagne maîtresse de ses destinées.

» Nous voulions que la liberté fût à la fois notre bien commun et notre commun bouclier ; nous étions convaincus que ces forces morales assuraient à jamais le maintien de la paix. Mais, comme sanction, nous réclamions une arme pour chaque citoyen, une organisation civique, des chefs élus ; alors nous demeurions inexpugnables sur notre sol.

» Le gouvernement impérial, qui avait depuis longtemps séparé ses intérêts de ceux du pays, a repoussé cette politique. Nous la reprenons, avec l'espoir qu'instruite par l'expérience, la France aura la sagesse de la pratiquer.

» De son côté, le roi de Prusse a déclaré qu'il faisait la guerre, non à la France, mais à la dynastie impériale.

» La dynastie est à terre. La France, libre, se lève.

» Le roi de Prusse veut-il continuer une lutte impie qui lui sera aussi fatale qu'à nous ?

» Veut-il donner au monde du dix-neuvième siècle ce cruel spectacle de deux nations qui s'entre-détruisent, et qui, oublieuses de l'humanité, de la raison et de la science, accumulent les ruines et les cadavres ?

» Libre à lui ; qu'il assume cette responsabilité devant le monde et devant l'histoire.

» Si c'est un défi, nous l'acceptons.

» Nous ne céderons ni un pouce de notre territoire ni une pierre de nos forteresses.

» Une paix honteuse serait une guerre d'extermination à courte échéance.

» Nous ne traiterons que pour une paix durable.

» Ici notre intérêt est celui de l'Europe entière, et nous avons lieu d'espérer que, dégagée de toute préoccupation dynastique, la question se posera ainsi dans les chancelleries.

» Mais fussions-nous seuls, nous ne faiblirons pas.

» Nous avons une armée résolue, des forts bien pourvus, une enceinte bien établie, mais surtout des poitrines et trois cent mille combattants décidés à tenir jusqu'au dernier.

» Quand ils vont pieusement déposer des couronnes au pied de la statue de Strasbourg, ils n'obéissent pas seulement à un sentiment d'admiration enthousiaste, ils prennent leur héroïque mot d'ordre, ils jurent d'être dignes de leurs frères d'Alsace et de mourir comme eux.

» Après les forts, les remparts ; après les remparts, les barricades. Paris peut tenir trois mois et vaincre ; s'il succombait, la France, debout à son appel, le vengerait ; elle continuerait la lutte, et l'agresseur y périrait.

» Voilà, monsieur, ce que l'Europe doit savoir. Nous n'avons pu accepter le pouvoir dans un autre but. Nous ne le conserverions pas une minute si nous ne trouvions pas la population de Paris et de la France entière décidée à partager nos résolutions.

» Je les résume d'un mot devant Dieu qui nous entend, devant la postérité qui nous jugera : nous ne voulons que la paix. Mais si l'on continue contre nous une guerre funeste que nous avons condamnée, nous ferons notre devoir jusqu'au bout, et j'ai la ferme confiance que notre cause, qui est celle du droit et de la justice, finira par triompher.

» C'est en ce sens que je vous invite à expliquer la situation à M. le ministre de la cour près de laquelle vous êtes accrédité, et entre les mains duquel vous laisserez copie de ce document.

» Agréez, monsieur, l'expression de ma haute considération.

» *Le ministre des affaires étrangères,*
» Jules Favre. »

Le 8 septembre, le gouvernement de la Défense nationale décrète :

Article premier. — Les collèges électoraux sont convoqués pour le dimanche 16 octobre, à l'effet d'élire une Assemblée constituante.

Art. 2. — Les élections auront lieu au scrutin de liste, conformément à la loi du 15 mars 1849.

Art. 3. — Le nombre des membres de l'Assemblée constituante sera de sept cent cinquante.

Par suite du siège, le gouvernement dut rapporter ce décret.

L'ennemi, à partir du 6 septembre, se rapprochait de plus en plus.

Le général Vinoy, qui était arrivé trop tard sur le théâtre de la guerre, rentre à Paris avec treize trains d'artillerie, onze trains de cavalerie, quatorze trains d'infanterie.

Une dépêche de Bruxelles annonce la marche sur Paris des armées des princes héréditaires de Prusse et de Saxe, suivis par le roi et par de Bismarck.

Le préfet de police invite les habitants de Paris qui doivent quitter la capitale à accélérer leur départ.

Le représentant des Etats-Unis annonce que son gouvernement reconnaît la République française.

Une députation de citoyens va trouver le représentant des Etats-Unis pour le remercier de cette reconnaissance.

Elle lui exprime en ces termes la plus vive gratitude :

« Nous n'en attendions pas moins de cette grande et généreuse nation, dont les aspirations et les principes ont toujours été en communion avec les idées de la France. L'Amérique et la France sont sœurs, sœurs en République; c'est-à-dire, sœurs en liberté. L'Océan qui nous sépare est moins profond que les sentiments qui nous unissent. »

Le diplomate américain (Washburn) répond :

« Messieurs,

» Dans ma communication, à laquelle vous faites une si gracieuse allusion, je n'ai fait qu'exprimer les sentiments du président et du peuple des Etats-Unis. Le peuple américain prend un intérêt profond au grand mouvement qui vient d'être inauguré en France et se laissera aller aux vœux les plus fervents pour son succès, pour le bonheur et la prospérité du peuple français.

» Sous la forme d'un gouvernement républicain, ils savent en apprécier les bienfaits; et aujourd'hui, avec des cœurs émus et des paroles éloquentes, ils félicitent leur ancienne alliée. »

On prend à Paris les paroles de M. Washburn au sérieux, et on se laisse aller à des rêves chimériques d'union intime et perpétuelle avec les Etats-

Unis. Peu de temps après, on est désabusé par la publicité donnée aux étroites relations des généraux américains avec M. de Bismarck, et au jugement porté sur notre capitale en particulier par M. le général Shéridan : « Paris est une maison de fous habitée par des singes. »

Le général Grant, alors président de la République américaine, était plutôt porté vers les Allemands; toute illusion à ce sujet disparaissait complètement.

C'était la guerre du Mexique qui nous valait cela!

Le 3 0/0 est coté à 53.60.

M. Lissagaray, ouvre à midi au pied de la statue de la ville de Strabourg, place de la Concorde, un registre sur lequel les citoyens sont invités à venir apposer leurs signatures.

On lit sur la première page : « Les Parisiens : Honneur à nos frères défenseurs de Strasbourg et à leur brave général Uhrich. » Suivront les signatures, à commencer par celles des membres de la Défense nationale.

Ce registre, généreusement offert par quelques citoyens, sera richement relié aux armes de la ville de Strasbourg et envoyé à la municipalité de cette héroïque cité.

Des citoyens de bonne volonté sont invités à se relayer deux par deux, d'heure en heure, pour garder ce registre d'honneur.

Il se produit autour de ce registre un encombrement considérable. Ce fut un pèlerinage continuel pendant plus de quinze jours. Les signatures dépassèrent un million.

Le 13 septembre, M. Thiers accepte une mission du gouvernement. Il part pour Londres et ira de là à Vienne et à Saint-Pétersbourg.

Je fus incorporé dans la garde nationale sédentaire dans la 7e compagnie du 116e bataillon de la Seine ; elle avait un effectif de cent vingt hommes. Langlois fut nommé chef de bataillon.

Je fus nommé caporal le 14, caporal-fourrier le 16 et fourrier le 18. L'avancement marchait assez vite comme vous le voyez, mais je ne voulus plus accepter d'autres grades, attendu que ma partie était plutôt de tenir une caisse, et que d'un autre côté, je savais d'avance que je pourrais rendre d'utiles services à ma compagnie.

Nous étions dans ma compagnie, et je puis ajouter dans toute la garde nationale, animés d'un patriotisme sans mélange. On avait confiance en Trochu et en Bazaine.

Le 14 septembre, Trochu passe la revue de la garde nationale de la Seine ainsi que des gardes nationaux mobiles des départements, c'était une file qui commençait de la place de la Bastille et allait à la place de la Concorde par les boulevards.

Il y eut des acclamations sincères pour le général Trochu, et une fraternisation réelle entre les différents corps.

Proclamation du général Trochu au sujet de la revue :

Aux gardes mobiles des départements,

Jamais aucun général d'armée n'a eu sous les yeux le grand spectacle que vous venez de me donner : trois cents bataillons de citoyens, organisés, armés, encadrés par la population tout entière, acclamant dans un concert immense la défense de Paris et la liberté.

Que les nations étrangères qui ont douté de vous, que les armées qui marchent sur vous ne l'ont-elles entendu ! Elles auraient eu le sentiment que le malheur a plus fait en quelques semaines, pour élever l'âme de la nation, que de longues années de jouissances pour l'abaisser. L'esprit de dévouement et de sacrifices vous a pénétrés, et déjà vous lui devez le bienfait de l'union des cœurs qui va vous sauver.

Avec notre formidable effectif, le service journalier de garde dans Paris ne sera pas de moins de 70,000 hommes en permanence. Si l'ennemi, par une attaque de vive force, ou par surprise, ou par la brèche ouverte, perçait l'enceinte, il rencontrerait les barricades, dont la construction se prépare, et ses têtes de colonnes seraient renversées par l'attaque successive de dix réserves échelonnées.

Ayez donc confiance entière, et sachez que l'enceinte de Paris, défendue par l'effort persévérant de l'esprit public et par trois cent mille fusils est inabordable.

Gardes nationaux de la Seine et gardes mobiles,

Au nom du gouvernement de la Défense nationale, dont je ne suis devant vous que le représentant, je vous remercie de votre patriotique sollicitude pour les chers intérêts dont vous avez la garde.

A présent, à l'œuvre dans les neuf sections de la défense! De l'ordre partout, du calme partout, du dévouement partout! Et rappelez-vous que vous demeurez chargés, je vous l'ai déjà dit, de la police de Paris pendant ces jours de crise.

Préparez-vous à souffrir avec constance. A cette condition vous vaincrez.

SIÈGE DE PARIS

Le 16 septembre, l'amiral Fourichon rejoint MM. Crémieux et Glais-Bizoin à Tours. La banque de France transporte à Tours l'administration de ses succursales.

Les ambassadeurs quittent aussi Paris et vont à Tours.

A partir du 19 septembre, Paris est complètement investi.

Je reçus le 18 les provisions que j'avais demandées à mes parents. Il était temps, car un jour de plus je ne recevais rien.

Il est probable que ma famille et moi, si nous sommes encore de ce monde, nous le devons à ma prévoyance.

Les chefs de la maison de commerce où j'étais eurent la bonne idée de faire l'équipement militaire, de telle sorte qu'elle put occuper presque tout son personnel.

Ces messieurs voulaient me faire exempter du service comme travaillant pour la guerre, mais je refusai en disant que je ferais mon devoir, soit comme soldat, soit comme employé; ce qui fut accepté.

Le soir et le matin j'allais à l'exercice, dans la journée j'étais à ma caisse. Lorsqu'il fallait monter la garde aux fortifications, ma compagnie partait le soir et revenait le matin; de telle sorte que tout marchait à merveille et que ces messieurs me laissèrent complètement libre.

Nous eûmes un hiver très rigoureux. Lorsque nous étions aux remparts, on ne savait comment faire pour se réchauffer. Nous couchions dans des maisons non habitées, au rez-de-chaussée sur de la paille. Mais nous supportions avec orgueil toutes ces souffrances en pensant que c'était pour notre patrie, la France! Je puis dire sans être démenti par personne que la garde nationale était animée d'un esprit de concorde, de patriotisme, dont nous pouvons rendre ici un hommage éclatant.

Comme fourrier j'allais après la fermeture de ma caisse à quatre heures à l'ordre, à la mairie Drouot où se tenait l'état-major. Là, le capitaine d'état-major dictait son rapport à chaque fourrier de compagnie, lequel allait immédiatement le communiquer au capitaine de sa compagnie.

Un soir, le capitaine d'état-major fit une sortie très forte contre les gardes nationaux qui touchaient 1 fr. 50 par jour, en disant :

« Que l'Etat dépensait trop d'argent, qu'il fallait faire des économies. En conséquence, on donnait l'ordre de ne porter sur les états que les plus nécessiteux, c'est-à-dire les indigents. »

Il faut que je dise que tous sans exception, ceux qui étaient dans une position ordinaire comme moi, n'ont jamais touché les 1 fr. 50 et que c'était l'Etat qui en profitait.

Ce soir-là, je vis déjà à l'horizon ce mot fatal : « Capitulation ! »

Le 19 septembre, bataille de Châtillon où l'armée est obligée d'abandonner cette position. Une panique eut lieu dans plusieurs compagnies provisoires de zouaves qui tenaient la droite de la bataille. Ces fuyards furent arrêtés.

Le papier commençait à se faire rare. Le journal officiel ne paraissait plus que sur une demi-feuille.

Jules Favre va au quartier général prussien pour tenter une conciliation. Mais Bismarck restait inflexible et demandait une paix honteuse que le gouvernement ne put accepter ; par conséquent tout espoir de paix fut complètement abandonné.

Le 21 septembre, la banque de France ferme ses bureaux ; ses garçons forment un bataillon spécial.

On blinde les fenêtres du musée du Louvre. On prend toutes les mesures nécessaires dans tout Paris, pour sauvegarder tous les trésors artistiques ou autres en cas d'incendie.

Bulletin de l'alimentation : Beurre, 4 fr. le demi kilo ; beurre frais, 2 fr. 80 ; morue, 1 fr. 20 ; maquereaux salés, 75 cent. ; choux, 75 cent. ; choux-fleurs, 75 cent. ; œufs, 1 fr. 80 la douzaine ; haricots verts, 1 fr. 75 la livre ; lard, 2 fr. ; saucisson de Lyon, 4 fr. ; poulet, 6 fr. ; lapin, 7 fr. 50 à 8 fr. ; fromage, 2 fr.

Le 26 septembre, l'administration des postes

est autorisée, par la voie d'aérostats montés, à transporter les lettres ordinaires à destination de la France, de l'Algérie et de l'étranger. Le poids des lettres expédiées par les aérostats ne devra pas dépasser quatre grammes. La taxe à percevoir de ces lettres reste fixé à 20 centimes, l'affranchissement est obligatoire.

Le gouvernement de la Défense nationale annonce que la loi militaire sera appliquée dans toute sa rigueur à la garde nationale.

La banque de France fabrique des billets de vingt-cinq francs.

Combat de Chevilly où le général Guilhem est tué. Le général Vinoy ordonne la retraite qui s'effectue sous le feu avec calme.

Le 1er octobre, la reddition de Toul et de Strasbourg est annoncée officiellement par le ministre de l'intérieur :

Citoyens,

Le gouvernement vous doit la vérité sans détours, sans commentaires.

Les coups redoublés de la mauvaise fortune ne peuvent plus déconcerter vos esprits ni abattre vos cœurs.

Vous attendez la France, mais vous ne comptez que sur vous-mêmes.

Prêts à tout, vous pouvez tout apprendre : Toul et Strasbourg viennent de succomber. Cinquante jours durant, ces deux héroïques cités ont essuyé avec la plus mâle constance une véritable pluie de boulets et d'obus. Epuisées de munitions et de vivres, elles défiaient encore l'ennemi. Elles n'ont capitulé qu'après avoir vu leurs murailles abattues crouler sous le feu des assaillants.

Elles ont, en tombant, jeté un regard vers Paris pour affirmer une fois de plus l'unité et l'intégrité de la république, et nous léguer, avec le devoir de les délivrer, l'honneur de les venger.

Vive la France! Vive la République!

Léon GAMBETTA.

Le ministre de la guerre rend compte de l'armement des troupes, pour lesquelles il a été distribué près de 400,000 fusils, et qui est sur le point d'être terminé.

L'armement de deux cent vingt-huit bataillons de gardes nationales sédentaires se compose d'environ 280,000 fusils.

Le 7 octobre, Gambetta part pour Tours. L'ascension de son ballon l'*Armand Barbès* a lieu à onze heures dix minutes, sur la place Saint-Pierre, à Montmartre.

Le 8 octobre, première tentative de proclamer la Commune, mais elle échoue.

Le 13 octobre, le château de Saint-Cloud est incendié.

Le 14 octobre, le général Trochu adresse au maire de Paris une lettre relative à l'organisation mobilisable de la garde nationale parisienne.

Le recrutement des compagnies se fera par voie d'inscription volontaire sur une liste ouverte dans chaque arrondissement.

Le général Trochu termine en disant que, « pénétré de la foi la plus entière dans le retour de fortune qui sera dû à la grande œuvre de la résistance, il ne cédera pas à la pression de l'impatience publique. Seul responsable, il suivra jusqu'au bout le plan qu'il s'est tracé, sans le révéler; et ne demande que la confiance de la population en échange de ses efforts. »

Quelques jours après on convoque notre compagnie dans une des cours du Grand Hôtel pour lui donner communication du message du gouvernement.

La réunion eut lieu à 1 heure de l'après-midi. Un délégué du gouvernement se présenta et nous fit part de la résolution suivante :

« Le gouvernement demande, pour que la défense nationale soit bien organisée, des volontaires qui formeront les bataillons de marche et fait appel à la bonne volonté de tous. »

Lorsqu'il eut terminé, je fis signe que je demandais la parole.

Voici ce que je lui répondis :

« Je ne conçois pas la demande du gouvernement, attendu que tous ici nous sommes prêts à marcher au feu au premier signal, et que nous sommes tous volontaires. Mais malheureusement, je crois comprendre votre pensée, vous voulez, comme on dit vulgairement, amuser le tapis pour arriver à une capitulation. Vous savez bien d'avance qu'un homme marié, père de famille, ne peut aller dire à sa femme : Je me fais volontaire. La femme répondrait : Comment ! tout le monde n'y va pas, toi tu veux t'engager, toi homme marié, père de famille ? Non ! Non ! Tu ne le feras pas.

» Eh bien ! Je comprends toute la pensée du gouvernement ; il veut nous amener peu à peu à la capitulation. »

Là-dessus le délégué protesta énergiquement contre cette pensée, car le gouvernement, au contraire, veut organiser la défense plus sérieusement, et il ajouta que nous pouvions avoir confiance.

Je lui répondis ces deux mots :

« Nous verrons ! »

Les compagnies de marche furent organisées comme le demandait le gouvernement.

Le 16 octobre, l'éclairage public est réduit, et les abonnés au gaz sont invités à l'économie. Ils doivent éteindre à dix heures et demie.

Le 21, le général Ducrot fait une sortie dans la direction de Rueil, la Malmaison, la Jonchère et du château de Buzenval, laquelle subit comme pertes : Officiers, 2 tués, 15 blessés, 11 disparus. Troupes : 30 tués, 330 blessés, 153 disparus : Total général, 443.

Le journal *le Siècle* dit à ce sujet :

« Sur la route de Rueil à Bougival, l'élan de nos troupes a causé pendant quelques instants une si vive appréhension à l'ennemi qu'il a attribué à notre attaque le caractère d'un mouvement tournant du côté de Versailles.

» Dans cette localité la panique a été telle, que plusieurs fourgons appartenant à la maison du roi de Prusse ont été en toute hâte dirigés sur Saint-Germain, par la route de Marly-le-Roi. Ce qu'il y a de certain, c'est que le roi Guillaume a quitté momantanément la ville pour prendre cette direction, et que les travaux postérieurs de l'ennemi ont prouvé combien il s'était senti menacé un instant.

» Le désarroi momentané de l'ennemi est confirmé par une correspondance du Daheine de Liepzig. Sa lecture donne bien à regretter que cette sortie n'ait pas été aussi forte que l'ennemi le croyait. »

L'impression causée par cette affaire est bien résumée par une histoire critique du siège :

« Sous les yeux du général Trochu, qui commandait en chef, et de tout son état-major, nos soldats et gardes nationaux s'avancèrent avec un entrain admirable, en refoulant devant eux tout ce qui leur faisait obstacle.

« Malheureusement Trochu n'avait pas songé à avoir sous la main en réserve une grande partie du corps Vinoy, pour pousser jusqu'à Versailles, dans le cas où la première aurait aussi heureusement réussi. C'est probablement pour cela qu'au moment où les choses allaient si bien, vers les trois heures et demie du soir, le général Trochu, avec son irrésolution habituelle, fit sonner la retraite, au grand désappointement de tous. Il n'avait même pas fait donner tout le corps de Ducrot, dont une partie était encore là, au port d'armes, et qui, engagé en entier, eût probablement suffi pour passer outre. »

Nous jouions vraiment de malheur. Cette attaque, qui avait été bien conçue et bien menée, ne produisit encore que des résultats négatifs.

Il arriva en même temps la nouvelle de l'occupation d'Orléans par les Prussiens.

Voici la cote alimentaire du jour :

« Le beurre a disparu, il vaut 10 fr. ; âne, 3 fr. la livre ; cheval, filet, 5 fr. ; œufs, 3 fr. 20 la douzaine ; un chou, 2 fr. ; choux-fleurs, 1 fr. 50 ; haricots verts, 2 fr. la livre; artichauts, 75 c. ; graisse de bœuf, 2 fr. 50 ; jambon, 4 fr. ; lard, 6 fr. ; pommes de terre, 4 fr. le boisseau ; poule, 7 à 10 fr. ; oie, 15 fr. On trouve encore un peu de mouton à 5 fr. la livre.

Une dépêche de Toul arrive à Paris. Le résultat de la mission de Thiers est la proposition d'un armistice, pour permettre l'élection d'une Assemblée constituante ayant pouvoir de ratifier la conclusion d'une paix au nom de la nation. Cette proposition est appuyée par les quatre grandes puissances. M. Thiers attend un sauf-conduit pour se rendre à Versailles.

Le 26 octobre, dans le monde militaire, on reproche au gouvernement de ne pas pousser avec assez d'activité l'organisation et l'accroissement de l'armée régulière dans Paris. La levée de la classe de 1870 traîne en longueur, et l'appel des hommes âgés de 25 à 35 ans, ordonné par la loi, est laissé de côté.

La souscription des canons marche grand train.

Tous les jours on entend dans Paris les canons des forts, et il ne se passe pas de jour où il n'y ait quelques petits combats.

27 octobre. — Nous commençons à rentrer dans les mauvais jours de notre histoire. Les femmes et les enfants commencent à faire queue chez les boulangers et les bouchers.

Tout marchait encore assez bien, lorsque une rumeur sinistre et cruelle se répandit dans Paris.

Nous descendions des fortifications où nous avions passé la nuit avec la pluie et dans la boue, quand, arrivés au Grand-Opéra où était notre réunion habituelle, on nous apprit que Bazaine avait capitulé. Ce fut comme un coup de foudre, car chaque personne avait sur les lèvres : Lâche ! Infâme ! Il a vendu son armée !

Il manquait à la gloire de l'Empire cette dernière honte. Un maréchal de France qui capitule, livrant armes, bagages, munitions, matériel, et surtout les drapeaux !

Nous comprenions, hélas, que la défense nationale recevait un coup mortel et qu'elle ne s'en relèverait pas.

Chaque semaine ajoute un signet noir au martyrologe des villes de France.

Après Toul, Strasbourg ; après Strasbourg, Châteaudun ; après Châteaudun, Metz !

Le journal *le Combat*, dirigé par Félix Pyat, imprime les lignes suivantes en vedette, dans un cadre de deuil :

« Fait vrai, sûr et certain, que le gouvernement de la Défense nationale retient par devers lui comme un secret d'Etat, et que nous denonçons à l'indignation de la France, comme une haute trahison.

» Le maréchal Bazaine a envoyé un colonel au camp du roi de Prusse pour traiter de la reddition de Metz et de la paix, au nom de S. M. l'Empereur Napoléon III. »

Paris ne pouvait croire à cette nouvelle, car un groupe de gardes nationaux, après avoir fait dans les kiosques une razzia de numéros encore invendus, en fit un tas et y mit le feu, à la grande satisfaction de la foule.

Les attroupements se formèrent sur le boulevard Montmartre, sur celui des Italiens, devant le passage de l'Opéra ; il n'y avait dans tout ce monde qu'un courant d'indignation, car personne ne savait à Paris ce que tout le monde savait à Versailles.

Le soir, vers huit heures, les quais et les boulevards eurent quelques rassemblements renouvelés de ceux de la journée, où des citoyens flétrissaient la conduite du combat, et ne rencontraient qu'un sentiment unanime.

On se transporte à l'Hôtel de Ville pour demander des explications ; elles sont promises pour le lendemain. Le *Journal Officiel* relève en effet, le 28, la nouvelle publiée par le *le Combat* :

« Le gouvernement a tenu à honneur de respecter la liberté de la presse, malgré les inconvénients qu'elle peut parfois présenter dans une ville assiégée. Il aurait pu, au nom du salut public et de la loi, la supprimer ou la restreindre. Il a mieux aimé s'en référer à l'opinion publique, qui est sa vraie force. C'est à elle qu'il dénonce les lignes odieuses écrites dans le journal *le Combat*, dirigé par M. Félix Pyat.

» L'auteur de ces tristes calomnies n'a pas osé faire connaître son nom. Il a signé *le Combat*. C'est à coup sûr le combat de la Prusse contre la France, car, à défaut d'une balle qui aille au cœur du pays, il dirige contre ceux qui la défendent une double accusation, aussi infâme qu'elle est fausse.

» Il affirme que le gouvernement trompe le public en lui cachant d'importantes nouvelles, et que le glorieux soldat de Metz déshonore son épée par une trahison.

» Nous donnons à ces deux inventions le démenti le plus net; dénoncées à un conseil de guerre, elles exposeraient leur fabricateur au châtiment le plus sévère. Nous croyons celui de l'opinion plus efficace. Elle flétrira comme ils le méritent ces prétendus patriotes dont le métier est de semer les défiances en face de l'ennemi, et de ruiner par leurs mensonges l'autorité de ceux qui le combattent.

» Depuis le 17 août, aucune dépêche directe du maréchal Bazaine n'a pu franchir les lignes. Mais nous savons que, loin de songer à la félonie qu'on ne rougit pas de lui imputer, le maréchal n'a cessé de harceler l'armée assiégeante par de brillantes sorties. Le général Bourbaki a pu s'échapper, et ses relations avec la délégation de Tours, son acceptation d'un commandement important démentent suffisamment les nouvelles fabriquées que nous livrons à l'indignation de tous les honnêtes gens. »

M. Pyat réplique en gros caractères, à la première colonne de son journal :

« C'est le citoyen Flourens qui m'a dénoncé, pour le salut du peuple (*salus populi*, selon sa propre expression), le plan Bazaine, et qui m'a dit le tenir directement du citoyen Rochefort, membre du gouvernement provisoire de la Défense nationale.

Félix PYAT. »

Avant le jour, le général de Bellemare tente une surprise sur le Bourget avec les francs-tireurs de la presse. Après une fusillade d'une demi-heure, l'ennemi a été débusqué du village et rejeté en arrière du ruisseau de la Morcé, vers le pont Iblon. Le gros de nos troupes reste dans le village du Bourget, qu'elles vont mettre en état de défense.

La prise de ce village, dit le général de Bellemare, élargit le cercle de notre occupation au delà des forts, donne la confiance à nos soldats et augmente les ressources en légumes pour la population parisienne.

Les pertes furent seulement de 7 tués, 27 blessés.

Les jeunes gens formant le contingent de la classe de 1870 sont appelés à l'activité.

Le général Trochu remet des instructions à l'ingénieur Cézanne, chargé d'aller à Tours communiquer et activer l'exécution de sa combinaison, dont le but était de porter l'armée sur Rouen et sur la mer, en assurant le ravitaillement de Paris.

29 Octobre. — La mortalité générale augmente sensiblement chaque semaine. Elle donnait 1,746 décès la semaine dernière; du 23 au 29, elle en accuse 1878.

Une dépêche de Wilemshœ annonce la mort de Napoléon III.

Les Prussiens attaquent le Bourget qui est repris par eux.

Les précautions les plus élémentaires, du reste, furent négligées. On s'était enfermé dans le village comme des aveugles.

Après un combat meurtrier, les Prussiens s'emparent des positions, dans lesquelles ils disent avoir fait 1,200 prisonniers. Les Prussiens avouent avoir perdu 34 officiers et 449 hommes.

Voici comment le gouverneur de Paris annonce cette défaite :

Le village du Bourget ne faisait pas partie de notre système général de défense; son occupation était d'une importance très secondaire, et les bruits qui attribuent de la gravité aux incidents qui viennent d'être exposés sont sans aucun fondement.

Le dernier paragraphe est regardé avec raison par tout le monde comme une triste plaisanterie. Si le Bourget ne faisait pas partie de ce système général, pourquoi l'occuper ? Quant à la gravité des faits, elle ressortait de leur exposé même, et on ne saurait la nier. Enfin, il n'est pas tenu note de la résistance honorable des défenseurs. Le commandant Baroche fut tué.

L'auteur de l'*Histoire critique du Siége de Paris* expose ainsi les causes secrètes de cette triste journée :

» Le général de Bellemare sentait bien qu'il y avait urgence à assurer la conservation du Bourget par une artillerie puissante. Dans la journée du samedi, il se rendit de sa personne à Paris pour accélérer l'expédition des pièces de 12, qu'il avait demandées dès la veille à l'état-major général de l'artillerie. Là, il éprouva, paraît-il, des difficultés de toutes sortes. Au lieu d'insister et de faire intervenir au besoin le gouverneur lui-même, il céda et ne put obtenir que le samedi soir les pièces qu'il demandait.

» Il eut même l'imprudence ce même soir de rester à dîner à Paris, chez un de ses amis, rue de Varennes, au lieu, comme c'était son devoir, d'aller se rendre compte par lui-même de l'état des choses et de pressentir les intentions de l'ennemi. Aussi le dimanche matin, grand fut son étonnement et cruelle sa déception, quand, se rendant sur les lieux au bruit du canon, il apprit que plus de vingt mille ennemis, soutenus par de grosses pièces de campagne, avaient de nouveau attaqué le Bourget avec une extrême impétuosité.

» Pour comble de malheur, le colonel chargé d'abord de la garde de cette importante position, avait été changé la veille et remplacé par un ancien officier supérieur en retraite, ayant pris du service à l'occasion de la guerre. Ses grand' gardes ne prévinrent pas à temps de l'arrivée de l'ennemi en force considérable; et les soldats, principalement des mobiles parisiens, en partie débandés dans le village, en partie à l'abri dans les caves, furent surpris par la vigoureuse attaque des Prussiens au point du jour. Les obus mitraillèrent nos hommes d'une manière effroyable. L'évacuation devint aussitôt nécessaire, et ne put se faire qu'au prix des plus durs sacrifices. »

Les Prussiens avouent que les Français ont combattu sept heures avec une bravoure vraiment extraordinaire. Des deux côtés, les pertes sont graves. D'après ce qu'on sait, elles s'élèvent pour eux à 480 morts et blessés, dont 35 officiers et plus de 200 hommes disparus. Les Français ont perdu 500 hommes; plus 1,300 prisonniers dont 33 officiers.

Pour édifier le lecteur, je dirai que les Français étaient au nombre de 2,000 contre 20,000. C'est toujours la même histoire !

Nous avons vu que Félix Pyat avait annoncé la capitulation de Metz qui était réelle et que le gouvernement désavoua cette nouvelle quand il savait qu'elle était vraie. Cette vérité, jointe au retentissement de notre évacuation du Bourget, devait avoir les plus graves conséquences.

31 Octobre. — C'est le jour des mauvaises nouvelles.

Avec celle de la reprise du Bourget, Paris reçoit dès le matin deux communications officielles importantes.

D'après la première, M. Thiers est arrivé à Paris ; il s'est transporté sur-le-champ au ministère des affaires étrangères. Il a rendu compte au gouvernement de sa mission.

Grâce à la forte impression produite en Europe par la résistance de Paris, quatre grandes puissances neutres, l'Angleterre, la Russie, l'Autriche et l'Italie, se sont ralliées à une idée commune. Elles proposent aux belligérants un armistice, qui aurait pour objet la convocation d'une Assemblée nationale. Il est bien entendu qu'un tel armistice devrait avoir pour conséquence le ravitaillement proportionné à sa durée, et l'élection de l'Assemblée par le pays tout entier.

Par la seconde, le gouvernement avoue qu'il vient d'apprendre la douloureuse nouvelle de la reddition de Metz :

Le maréchal Bazaine et son armée ont dû se rendre après d'héroïques efforts, que le manque de vivres et de munitions ne leur permettait plus de continuer. Ils sont prisonniers de guerre. Cette cruelle issue d'une lutte de près de trois mois causera dans toute la France une profonde et pénible émotion, mais elle n'abattra pas notre courage. Pleine de reconnaissance pour les braves soldats, pour la généreuse population qui ont combattu pied à pied pour la patrie, la ville de Paris voudra être digne d'eux; elle sera soutenue par leur exemple et par l'espoir de les venger.

Le gouvernement (ni un pouce de notre territoire, ni une pierre de nos forteresses) juge à propos de donner quelques explications sur la façon dont il voudrait voir accepter l'armistice.

Le mécontentement est général. Vers les dix heures, des rassemblements crient sur la place de l'Hôtel-de-Ville : « Pas d'armistice ! A bas Trochu ! Vive la République ! »

Je donne ici le récit complet de Flourens pour faire bien comprendre cette fameuse journée du 31 octobre :

» Le gouvernement, obligé par la révélation que j'en avais faite, à ne pas tenir plus longtemps cachée l'odieuse nouvelle de la trahison de Bazaine l'avait fait placarder sur les murs.

» En même temps, il annonçait par une autre affiche que la mission de M. Thiers aboutissait à une proposition d'armistice. Cet armistice nous a semblé et nous semble encore un moyen déguisé de reddition de Paris, trahison aussi infâme que celles de Sedan et de Metz.

» Donc, la colère nous bouillonna au cœur. Les chefs des cinq bataillons que j'ai formés à Belleville et commandés jusqu'à ma démission du 5 octobre, me demandèrent à délibérer sous ma présidence.

» A neuf heures et demie du matin, nous nous réunîmes dans les bureaux de l'un d'eux. Là, je fus d'avis de marcher de suite. Cet avis fut partagé par deux des concitoyens, les trois autres jugèrent plus convenable, afin que Belleville ne parût pas s'arroger le privilège du patriotisme, de connaître l'avis de nos collègues.

» Vingt-trois chefs de bataillon, connus de nous comme ayant des sentiments démocratiques, furent convoqués au café de la *Garde nationale*, place de l'Hôtel-de-Ville, pour quatre heures. Le point était central, et il était difficile de les convoquer plus tôt, vu l'éloignement de leurs habitations.

» Quant à moi, je ne voulus pas descendre seul à cette réunion, et afin de pouvoir, au moins en partie, exécuter ses décisions aussitôt prises, je donnai ordre de rassembler immédiatement mes tirailleurs restés sous mon commandement direct, et qui forment, au nombre de 500, le premier bataillon de marche de Paris.

» Bien que les moments fussent pressants, je

préférai donner aux hommes le temps de manger et de se bien armer, afin de pouvoir marcher en bon ordre et agir sérieusement. A tout risque et contre tout danger, je fis distribuer des cartouches.

» Vers trois heures un quart, nous commençames à marcher. Sur la route, nous rencontrâmes des citoyens qui nous dirent que la levée en masse et l'élection de la commune avaient été décrétées; que Dorian et Schœlcher avaient été chargés de présider les élections, de gouverner dans l'intérim entre les deux pouvoirs.

» Nous ne pouvions nous en tenir à ces affirmations.

» Arrivé à l'Hôtel de Ville, vers quatre heures, je vis une foule compacte de citoyens sur la place; j'avançai mes tirailleurs jusqu'à la grille.

» L'ayant franchie, je vis venir à moi le commandant de la place, qui monta sur la croupe de mon cheval pour annoncer les nouvelles ci-dessus, et qui me demanda, après cette annonce, à m'embrasser, en signe de bon accord.

» Je n'ai à m'occuper ici que des faits que j'ai vus et auxquels j'ai pris part. Les citoyens qui étaient arrivés à l'Hôtel de Ville avant moi raconteront de leur côté ce qui s'est passé en leur présence.

» Je fis former sur le quai mes tirailleurs et entrai seul à l'Hôtel de Ville.

» Là, je trouvai toutes les salles combles de citoyens, presque tous sans armes, et discutant en désordre.

» De toutes les discussions résultait cependant ceci : « C'est qu'on ne pouvait se fier à un gouvernement aussi faux dans l'exécution de ses promesses, qu'il fallait remettre à un comité de Salut public, composé de citoyens en qui le peuple ait pleine confiance, l'intérim du pouvoir. »

» On fit silence. On me demanda de parler, de mettre aux voix les noms les plus acclamés. Ces noms furent les suivants : Dorian, Flourens, Félix Pyat, Mottu, Avrial, Ranvier, Millière, Blanqui, Delescluze, Louis Blanc, Raspail, Rochefort, Victor Hugo, Ledru-Rollin.

» Je donnai lecture de cette liste successivement dans deux grandes salles pleines de citoyens, puis sur le perron intérieur au-dessus du péristyle, garni d'une foule compacte. Partout elle fut acclamée avec enthousiasme.

» On me demandait avec instance de me rendre dans la salle où était le gouvernement déchu par suite de cette élection nouvelle, bien plus valable que celle du 4 Septembre, car nous n'avions pas été nommés, comme eux, pour avoir prêté serment à l'Empire, mais parce que le peuple a pleine confiance en nous.

» Dans cette salle, je trouvai assis derrière une table : MM. Garnier-Pagès, Trochu, Jules Ferry, Jules Simon, Jules Favre et le général Tamisier. Les citoyens qui les entouraient me demandèrent de monter sur la table et de procéder à l'arrestation immédiate de ces messieurs.

» Je donnai lecture de la liste du comité de Salut public qui fut unanimement acclamée. Quant à l'arrestation, elle était impossible pour le moment. Je ne pouvais la faire à moi seul ; le bon vouloir des citoyens qui m'entouraient et qui n'étaient pas armés ne suffisait point. Il est évident que, devant la première irruption d'un bataillon, ou même d'une compagnie réactionnaire, ces citoyens se seraient dispersés et m'auraient laissé seul avec mes prisonniers.

» Je me bornai à décider que j'allais garder à vue ces messieurs. C'est ce que je fis, restant debout sur la table. J'envoyai de suite l'ordre à mes tirailleurs de venir me joindre ; mais, avant que cet ordre ait pu leur parvenir à travers l'Hôtel de Ville, encombré de foules immenses, avant qu'ils aient pu se frayer un chemin à travers ces foules, une bonne demi-heure s'est écoulée.

» Pendant ce temps, je fis prier mes collègues du nouveau gouvernement de venir me joindre. Je dictai à quelques citoyens de bonne volonté, la notification officielle de l'existence du comité de Salut public, que j'envoyai de suite à l'Imprimerie nationale, avec ordre de la faire placarder dans tout Paris, et dont je fis parvenir vingt copies aux vingt mairies.

» Enfin, mes tirailleurs arrivèrent. Je leur fis évacuer la salle, autant que cela était possible et garder à vue l'ex-gouvernement ; j'en pris une soixantaine avec moi et envoyai le reste s'emparer des issues de l'Hôtel de Ville.

» Millière vint, et Ranvier. Millière me proposa de signer un ordre d'arrestation du gouvernement déchu. Signer était facile, exécuter ne l'était point. Millière n'avait pas encore son bataillon ou du moins ne m'a point prévenu qu'il l'eût. Ce bataillon n'est venu qu'ensuite, et a été renvoyé par son chef, qui ne voulait point l'exposer plus longtemps à nos dangers.

» Excepté deux compagnies d'un autre bataillon, qui sont restées avec nous jusqu'à minuit, je n'ai eu à ma disposition immédiate, dans toute cette soirée et dans toute cette nuit, que mes

500 braves tirailleurs. C'est avec ces jeunes gens que j'ai tenu le vaste Hôtel de Ville, jusqu'à quatre heures du matin.

» Des bataillons dévoués à la démocratie sont bien venus en nombre par la place et y sont restés quelque temps, mais isolément et sans venir prendre nos ordres pour la défense. Si le bataillon de Millière ou les bataillons de Belleville, qui sont arrivés plus tard, avaient été là pour soutenir nos tirailleurs, on ne nous aurait pas enlevé deux de nos prisonniers.

» Je ne pouvais détacher deux cents de mes hommes pour conduire à Mazas l'ex-gouvernement. Ce faible détachement n'aurait pas suffi, et avec les trois cents je n'aurais pu occuper l'Hôtel de Ville. Le mieux était donc, tout en délibérant, de garder à vue mes prisonniers.

» Tout à coup, fait irruption dans la salle le commandant Ibos du 106e bataillon, avec ses hommes armés. Ces marguilliers furieux, me voyant debout sur la table, me menacent de mort. Le chef grimpe à son tour sur la même table, et pendant qu'il occupe mon attention en gesticulant, on m'enlève Ferry et Trochu. Je descends de la table à temps pour m'assurer des autres prisonniers.

» Une collision a lieu dans la salle qui précède, entre mes tirailleurs et les marguilliers d'Ibos. Ceux-ci sont repoussés, la porte est fermée. Mais Blanqui, qui venait de nous joindre, nous a été violemment arraché par les gens d'Ibos. Heureusement, mes tirailleurs le délivrent.

» Du reste, une partie du 106e bataillon vient de protester contre les fureurs réactionnaires et prussiennes de son commandant.

» Nous nous réunissons alors avec Millière, Blanqui, Ranvier, Delescluze et Mottu, dans une salle d'où nous expédions des ordres aux maires, et des convocations urgentes à tous les chefs de bataillon vraiment démocrates.

» Delescluze est allé trouver Dorian pour l'engager à venir siéger parmi nous. On m'apporte tout à coup cette nouvelle : par le souterrain qui fait communiquer l'Hôtel de Ville avec la caserne Napoléon, et dont j'ignorais l'existence, viennent de pénétrer deux bataillons de mobiles bretons, fusils chargés et baïonnettes en avant. Une collision entre eux et nos tirailleurs, qui occupent les portes de l'Hôtel de Ville et viennent d'être ainsi tournés, grâce au souterrain, est imminente.

» Je consulte Blanqui, Ranvier, Millière sur le projet d'une convention entre nous et Dorian. Puisque Dorian a été acclamé par le peuple, nous pouvons traiter avec lui ; puisque, d'autre part, avec cinq cents tirailleurs, nous ne pouvons tenir contre deux bataillons de mobiles, entrés dans l'Hôtel de Ville par le souterrain, contre tous ceux qui passeront par la même voie, contre ceux qui nous assiègent à l'extérieur, il est inutile de nous faire tuer ; cela serait même funeste au succès de notre cause, en amenant de nouvelles journées de juin, dont profiterait de suite la réaction.

» D'ailleurs, il n'y a qu'un paquet de six cartouches dans les cartouchières de mes tirailleurs.

» Nous allons trouver Dorian, et nous convenons avec lui, librement, de l'accord suivant :

» Les élections pour la commune seront faites ce jour même mardi, à midi, selon les affiches déjà envoyées aux mairies et sous la direction de Dorian et de Schœlcher seuls ; les élections pour un gouvernement nouveau seront faites le lendemain mercredi, à la même heure. Afin d'éviter l'effusion de sang, de montrer à nos amis et aux partisans du gouvernement qu'il y a accord entre nous, nous sortirons ensemble de l'Hôtel de Ville, au milieu de mes tirailleurs ralliés sur moi.

» Cet accord, rapidement conclu, est ratifié par les membres du gouvernement, et aussitôt, inquiet de mes braves tirailleurs, je descends dans la cour avec Dorian. Nous laissons derrière nous les hommes armés et marchons seuls en parlementaires.

» Les mobiles bretons, baïonnettes croisées, fusils chargés, figures menaçantes, étaient massés au fond de la cour ; je leur crie de toute la force de mes poumons :

» Appelez votre officier, voici un ministre qui a des ordres à lui donner. Baïonnettes au fourreau !

» Enfin l'officier se décide à venir. Dorian le calme, lui ordonne de calmer ses hommes, évite ainsi la guerre civile. Car égorgés à l'Hôtel de Ville, nous aurions été vengés par nos braves amis des faubourgs.

» Je dois dire que Dorian, dans toute cette soirée, s'est montré brave, honnête et intelligent citoyen. Je conçois que le peuple ait eu confiance en lui ; je ne puis concevoir qu'il ait manqué à l'engagement contracté en toute liberté par lui, et qui nous paraissait si fort, puisqu'il était garanti par l'honneur de Dorian et de Schœlcher.

« Quant à nos tirailleurs, ils sont au-dessus de tout éloge. Leur affection pour moi, le soin touchant qu'ils ont mis constamment à écarter de moi le danger, autant qu'ils le pouvaient, m'ont rempli de reconnaissance. Pas un d'eux n'a songé à me quitter quand ils ont su que l'Hôtel de Ville était complètement investi par les Bretons de Trochu. Et pourtant, ce général avait su trouver dix mille fois plus de ces Bretons pour écraser cinq cents citoyens français, qu'il n'en a trouvé pour soutenir nos tirailleurs au Bourget !

» Notre convention était conclue avec Dorian; il ne nous restait plus qu'à l'exécuter en nous retirant de l'Hôtel de Ville avec les membres du gouvernement. Malheureusement, beaucoup de citoyens restés avec nous, animés par le danger de la situation et ne la comprenant pas bien, s'obstinaient à ne pas quitter l'Hôtel de Ville, à ne pas le laisser aux membres du gouvernement.

» Malgré l'appui de mes tirailleurs, la surexcitation était telle, que je ne pouvais, sans une collision, emmener ces messieurs ; et une collision aurait pu me séparer de l'un d'eux, lui faire courir tel danger qui aurait amené une répression sanglante, la guerre civile, le triomphe de la réaction.

» Je dus donc me borner à calmer autant que possible les esprits, et à attendre un peu pour exécuter la convention. Tout à coup, l'Hôtel de Ville étant suffisamment investi par les mobiles de Trochu, Jules Ferry y pénètre à la tête des gardes nationaux à lui.

» — Nous avons là, 50,000 hommes, me dit-il; toute résistance est impossible. Rendez-vous avec les honneurs de la guerre et quttez l'Hôtel de Ville.

» — Je n'ai pas attendu votre sommation, lui répondis-je, pour capituler. La convention est déjà conclue avec Dorian, et nous allons l'exécuter.

» Comme d'autres gardes nationaux arrivaien

menaçants, baïonnette au fusil, et que je craignais une collision entre eux et mes tirailleurs, je priai le général Tamisier de venir avec moi les calmer. Ce qui fut fait.

» Alors, je ralliai mes tirailleurs ; Garnier-Pagès, Jules Favre, Jules Simon quittèrent l'Hôtel de Ville par d'autres issues. Blanqui, qui avait trouvé dans cette nuit toute son admirable énergie patriotique, toute son audace et sa fermeté juvéniles, donnant le bras au général Tamisier, passa devant, près de Millière, Ranvier et moi, à la tête de mes tirailleurs.

» Je les fis former sur la place au milieu des flots de Bretons à Trochu, et nous remontâmes à Belleville, sans effusion de sang français, ayant obtenu tout ce que nous voulions : des élections libres sous la garantie de deux honnêtes gens, Dorian et Schœlcher.

» Hélas! combien, au matin, le réveil a été affreux! Toutes ces saintes promesses violées, les élections de la commune remises en doute jeudi, plus de levée en masse!

» Et les Prussiens sont à nos portes, et la famine est dans nos murs!

» Et vous violez ainsi vos promesses, et vous perdez le temps!

» Voulez-vous donc la guerre civile afin de recommencer plus aisément, à Paris, Sedan et Metz?

» Gustave FLOURENS. »

Le général de Bellemare, qui a si malheureusement dirigé les opérations du Bourget, est remplacé par le général Bertauld, ancien commandant en chef des mobiles de Paris.

M. de Rochefort envoie la note suivante au *Rappel* :

« En lisant sur les murs l'affiche qui ajourne les élections municipales, affiche qui ne lui avait pas été communiquée au préalable, M. Henri Rochefort, qui les avaient promises la veille, au nom de ses collègues, a cru devoir envoyer sa démission de membre du gouvernement de la Défense nationale. »

Les vingt maires de Paris adressent leurs démissions au gouvernement de la Défense nationale.

On prévient les électeurs que la convocation affichée la veille doit être considérée comme non avenue. Il est interdit aux maires, sous leur responsabilité, d'ouvrir le scrutin.

La population de Paris votera, jeudi prochain, par oui ou par non, sur la question de savoir si l'élection de la municipalité et du gouvernement aura lieu à bref délai.

Jusqu'après le vote, le gouvernement annonce qu'il conserve le pouvoir et maintiendra l'ordre avec énergie.

Le général Trochu adresse une longue proclamation aux gardes nationaux. Elle a le tort : 1° de dire que la capitulation de Metz était prévue, quand quatre jours auparavant, avec ses collègues il en avait repoussé tout à fait l'idée ; 2° de rendre la troupe et non les chefs, responsable de la prise du Bourget ; 3° de représenter l'armistice comme une chose faite. Il ne se trompe pas en croyant que la majorité de la garde nationale fera cause commune avec lui ; mais cet appel sera désormais plutôt dû à la haine des révolutionnaires qu'à la popularité des gouvernants.

Si Flourens, Blanqui et autres n'ont pas réussi dans cette fameuse journée du 31 octobre, c'est que la majorité de la garde nationale disait ceci :

Il est trop tard pour changer le gouvernement ; la famine commence à se répandre d'une manière épouvantable, et puisque Trochu a son plan et qu'il nous promet d'arriver au but, prenons patience et attendons.

Nous verrons plus tard que ce fameux plan, personne ne l'a vu et qu'il est probable que si ce plan a existé, il l'emportera avec lui dans la tombe.

L'histoire jugera ces hommes à jamais néfastes !

Le préfet de police, Edmond Adam, donne sa démission et est remplacé par Ernest Cresson, avocat à la Cour d'appel de Paris.

2 novembre. — Le *Journal officiel* publie la note suivante :

« Le gouvernement désire que le décret rendu par lui hier soit bien compris par la population, et qu'elle connaisse la portée des deux votes qu'elle est appelée à exprimer jeudi et samedi prochain. Demain jeudi, elle votera sur la question de savoir si elle maintient le gouvernement de la défense nationale. Ceux qui veulent le maintenir voteront Oui.

» Samedi, elle votera pour l'élection des maires et adjoints des vingt arrondissements. »

3 novembre. — Le gouvernement annonce des poursuites, au sujet de l'attentat du 31 octobre.

4 novembre. — Le maire de Paris annonce, à 11 heures du soir, le résultat du vote sur la place de l'Hôtel-de-Ville. Il se décompose ainsi :

Armée, 236,623 Oui et 9,053 Non.
Population, 321,373 Oui et 53,585 Non.
Total : 557,996 Oui et 62,638 Non.

Le gouvernement adresse à ce sujet la proclamation suivante :

Citoyens,

Nous avons fait appel à vos suffrages.

Vous nous répondez par une éclatante majorité.

Vous nous ordonnez de rester au poste de péril que nous avait assigné la révolution du 4 septembre.

Nous y restons avec la force qui vient de vous, avec le sentiment des grands devoirs que votre confiance nous impose.

Le premier est celui de la défense. Elle a été, elle continuera d'être l'objet de notre préoccupation exclusive.

Tous, nous serons unis dans le grand effort qu'elle exige ; à notre brave armée, à notre vaillante mobile, se joindront les bataillons de garde nationale, frémissant d'une généreuse impatience.

Que le vote d'aujourd'hui consacre notre union. Désormais, c'est l'autorité de votre suffrage que nous avons à faire respecter, et nous sommes résolus à y mettre toute notre énergie.

Donnant au monde le spectacle nouveau d'une ville assiégée dans laquelle règne la liberté la plus illimitée, nous ne souffrirons pas qu'une minorité porte atteinte aux droits de la majorité, brave les lois et devienne, par la sédition, l'auxiliaire de la Prusse.

La garde nationale ne peut incessamment être arrachée aux remparts pour contenir ces mouvements criminels. Nous mettrons notre honneur à les prévenir par la sévère exécution des lois.

Habitants et défenseurs de Paris, votre sort est entre vos mains. Votre attitude depuis le commencement du siège a montré ce que valent des citoyens dignes de la liberté.

Achevez votre œuvre ; pour nous, nous ne demandons d'autre récompense que d'être les premiers au danger et de mériter par notre dévouement d'y avoir été maintenus par votre volonté.

Vive la République !
Vive la France !

Les membres du gouvernement :

« Général Trochu, Jules Favre, Emmanuel Arago, Jules Ferry, Garnier-Pagès, Eugène Pelletan, Ernest Picard, Jules Simon. »

Le général Clément Thomas, qui a déjà commandé la garde nationale en 1848, remplace depuis hier M. Tamisier, dont ce fardeau dépasse les forces et qui a donné sa démission. Le nouveau général adresse un ordre du jour qui se termine ainsi :

« La crise que nous traversons, mes chers camarades, la crise dont vous connaissez les causes et les auteurs, est une de celles où une nation doit périr ou se régénérer par un effort sublime. Cet effort, vous êtes résolus à le tenter, et aujourd'hui qu'un vote librement exprimé prouve la confiance que peuvent mettre en vous les citoyens éminents auxquels vous avez confié le soin de vos destinées, préparons-nous à cette action décisive que vous appelez de tous vos vœux.

» Votre vieux général sera heureux et fier de marcher à votre tête ; mais n'oubliez pas que dans les épreuves qui nous sont réservées, le courage personnel ne saurait suffire ; il faut y joindre ce qui constitue la véritable force d'une armée, la discipline, l'esprit d'ordre, et ce qui résume peut-être toutes les vertus, l'abnégation élevée jusqu'au sacrifice.

» Union ! Confiance ! et vive la République ! »

Clément Thomas est nommé général en chef de la garde nationale.

Clément Thomas avait été accepté par la garde nationale avec une véritable sympathie. Comme il avait déjà été nommé en 1848 à ce poste et malgré sa démission à la veille du coup d'Etat, au 2 décembre, la population voyait en lui un homme sur lequel on pouvait compter ; parce que, disait-elle, il aura l'expérience et il ne recommencera pas la même faute.

Le général Clément Thomas voulant organiser la garde nationale d'une façon énergique, dut plusieurs fois donner des ordres qui ne convinrent pas toujours à une partie de la garde nationale.

Ce fut sa condamnation, comme vous le verrez plus tard.

Cependant, on doit déplorer amèrement une pareille condamnation, car Clément Thomas était un vieux républicain, et il est mort en républicain.

Ls 6 novembre, le public est informé par la note suivante, qu'il n'y aura pas d'armistice :

» Les quatre grandes puissances neutres, l'Angleterre, la Russie l'Autriche et l'Italie, avaient pris l'initiative d'une proposition d'armistice, à l'effet de faire élire une Assemblée nationale.

» Le gouvernement de la Défense nationale avait posé ses conditions, qui étaient le ravitaillement de Paris et le vote pour l'Assemblée nationale par toute la population française.

» La Prusse a expressément repoussé la condition du ravitaillement ; elle n'a d'ailleurs admis qu'avec des réserves le vote de l'Alsace et de la Lorraine.

» Le gouvernement de la Défense nationale a

décidé à l'unanimité, que l'armistice ainsi compris devait être repoussé. »

La population parisienne reçut cette nouvelle avec assez de courage, en s'appuyant sur ces considérations :

Puisque le gouvernement rejetait l'armistice, il avait l'intention de ne plus commettre les mêmes erreurs et les mêmes fautes ;

Que, d'un autre côté, on allait enfin sortir de cette inaction douloureuse, et qu'il valait beaucoup mieux mourir au champ d'honneur que de mourir de honte et de misère !

Paris était prêt à tous les sacrifices.

Le 8 novembre, l'effectif de la première armée était de 227 mille gardes nationaux sédentaires et de 104 mille mobilisés, avec 104 pièces culasse de 7 cent et quelques mitrailleuses.

La seconde armée, commandée en chef par Ducrot, comprenait trois corps, sous les ordres des généraux Vinoy, Renault et d'Exéa. Elle présentait un total de 140 mille hommes, à savoir : 90 mille hommes de troupes régulières ; puis 40 mille mobiles et enfin quelques milliers de francs-tireurs. L'artillerie était de 400 pièces, y compris les mitrailleuses.

Total : 511 mille hommes et 504 pièces culasse.

Dans ce nombre n'est pas comprise bien entendu, toute la garde nationale, ainsi que les marins qui étaient dans les forts ni les canons des remparts.

Par souscriptions ou autres, on offre tous les jours des canons au gouvernement.

Les patriotes de Suresnes dépendent la cloche de leur église au bénéfice de l'artillerie.

Il serait trop long de raconter tout ce que Paris

donne en hommes et argent pour arriver à faire une trouée, afin de donner la main à cette brave armée de province qui nous attend.

Voici les noms des vingt maires qui ont été définitivement élus, en suivant l'ordre des vingt arrondissements :

Tenaille-Saligny, Tirard, Bonvalet, Vautrain, Vacherot, Hérisson, Arnaud, Carnot, Desmarets, Dubail, Mottu, Grivot, Pernolet, Asseline, Corbon, H. Martin, F. Favre, Clémenceau, Delescluse, Ranvier.

Le 12 novembre, la redoute de Gravelle tire sur les ouvrages de Montmély. Nos troupes ont définitivement occupé Creteil.

Tous les jours, les canons de nos forts inquiètent l'ennemi.

A partir du 13 novembre, les cafés se servent de pétrole ou de l'huile pour s'éclairer. Telle sera la condition de la prolongation d'ouverture pour ne pas épuiser le gaz.

Le 14 novembre, on reçoit la bonne nouvelle du combat de Coulmiers et de la reprise d'Orléans.

Jules Favre en fait part aux Parisiens, avec une joie sincère :

Mes chers concitoyens,

C'est avec une joie indicible, que je porte à votre connaissance la bonne nouvelle que vous allez lire :

Grâce à la valeur de nos soldats, la fortune nous revient ; votre courage la fixera ; bientôt nous allons donner la main à nos frères des départements, et avec eux, délivrer le sol de la patrie.

Vive la République ! Vive la France !

Il existe depuis deux jours, dans le haut de la rue Rochechouart, chez un marchand de comestibles, un étalage de viande les plus insolites, avec prix marqués en chiffres connus ; il y a des chiens, des chats ; il y a des rats. Une moitié de chat se vend 4 francs.

Voici quelques prix courants, d'après l'*Electeur libre* :

Jambon fumé (le kilog.) 16 fr.; saucisson de Lyon (le kilog.), 32 fr.; viande de cheval (le kilog.), 2 fr. 50 ; viande d'âne ou de mulet (le kilog), 6 fr.; une oie, 25 fr.; un poulet 15 fr.; une paire de pigeons, 12 fr.; une dinde, 55 fr.; un lapin, 18 fr.; une carpe, 20 fr.; une friture de goujons, 6 fr.; une douzaine d'œufs, 4 fr. 60 ; un chou, 1 fr. 50 ; un chou-fleur, 2 fr.; une bottes de carottes, 2 fr. 25; une livre de haricots, 5 fr.; une livre de beurre frais, 45 fr.; et une livre de beurre salé, 14 fr.

Le 18 novembre, il y a dans les hopitaux et ambulances de Paris 10,202 blessés ou malades, appartenant soit à l'armée régulière, soit à la garde nationale mobile.

Le gouvernement était sans cesse et tous les jours harcelé par la population et la garde nationale de Paris, afin d'exécuter le plan Trochu, pour en finir avec les Prussiens.

Du 20 au 28 novembre, le gouvernement prépare la population parisienne à une bataille décisive, et nous voyons proclamations sur proclamations. Celle qui doit être citée c'est celle du général Ducrot :

Soldats de la 2e armée de Paris,

Le moment est venu de rompre le cercle de fer qui nous enserre depuis longtemps et menace de nous étouffer dans une lente et douloureuse agonie ! A vous est dévolu l'honneur de tenter cette grande entreprise; vous vous en montrerez dignes, j'en ai la certitude.

Sans doute, nos débuts seront difficiles; nous aurons à surmonter de sérieux obstacles; il faut les envisager avec calme et résolution, sans exagération comme sans faiblesse.

La vérité, la voici : dès nos premiers pas, touchant nos avant-postes, nous trouverons d'implacables ennemis, rendus audacieux et confiants par de trop nombreux succès. Il y aura donc là à faire un vigoureux effort, mais il n'est pas au-dessus de vos forces; pour préparer votre action, la prévoyance de celui qui vous commande en chef a accumulé plus de 400 bouches à feu, dont deux tiers au moins du plus gros calibre; aucun obstacle matériel ne saurait y résister, et pour vous élancer dans cette trouée, vous serez plus de 150,000, tous bien armés, bien équipés, abondamment pourvus de munitions, et, j'en ai l'espoir, tous animés d'une ardeur irrésistible.

Vainqueurs dans cette première période de la lutte, votre succès est assuré, car l'ennemi a envoyé sur les bords de la Loire ses plus nombreux et meilleurs soldats; les efforts héroïques de nos frères les y retiennent.

Courage donc et confiance ! Songez que, dans cette lutte suprême, nous combattrons pour notre honneur, pour notre liberté, pour le salut de notre chère et malheureuse patrie; et si ce mobile n'est pas suffisant pour enflammer vos cœurs, pensez à vos champs dévastés, à vos familles ruinées, à vos sœurs, à vos femmes, à vos mères désolées. Puisse cette pensée vous faire partager la soif de la vengeance, la sourde rage qui m'animent, et vous inspirer le mépris du danger.

Pour moi, j'y suis bien résolu, j'en fais le serment devant vous, devant la nation tout entière : je ne rentrerai dans Paris que mort ou victorieux; vous pourrez me voir tomber, mais vous ne me verrez pas reculer. Alors, ne vous arrêtez pas, mais vengez-moi.

En avant donc, en avant, et que Dieu nous protège !

Le général en chef de la 2ᵉ armée de Paris,

A. DUCROT.

La confiance renaissait dans la population parisienne, car elle était prête à tous les sacrifices que la nature humaine peut donner.

En effet, les opérations commencèrent le 29 novembre pour finir le 3 décembre. Mais Ducrot ne rentra ni mort ni victorieux.

D'un autre côté, Ducrot devait passer la Marne le 29 en faisant jeter un pont, afin de permettre à la troupe et à l'artillerie de passer, pour commencer les opérations, conformément aux dispositions prises avec les autres corps d'armée.

Vous ne pouvez pas vous figurer ce qui arriva : le pont était trop court. Le corps d'armée de Ducrot ne put passer la Marne que le lendemain.

Faute grave et impardonnable, qui a probablement contribué à la retraite de notre armée, après cinq jours de combats héroïques !

Vous verrez en même temps, par la proclamation du gouvernement, sur ces journées à jamais mémorables, que ce même gouvernement ne fait que distribuer des éloges à tous les généraux, en particulier à Ducrot.

Le compte rendu officiel vous dira aussi que cent mille hommes de l'armée de Ducrot ont battu en retraite, en repassant la Marne.

Il y a encore bien des faits qui sont aussi graves, car toute la garde nationale sédentaire, excessivement nombreuse, n'a pas été appelée.

Paris pouvait offrir à l'ennemi six cent mille poitrines, et certes nous étions sûrs de la victoire.

L'histoire appréciera.

L'armée et les gardes nationaux se battirent comme des lions. Les Prussiens, eux-mêmes, avouent que même la bataille de Gravelotte n'était rien à côté de ces terribles combats, qui seront une des plus belles pages de l'histoire sur les batailles de Paris.

Voici le rapport officiel publié quatre jours après, sur les batailles du 29 novembre au 3 décembre.

On a trouvé ce rapport succinct, relativement à la complaisance avec laquelle on s'étend trop souvent sur les affaires insignifiantes :

« Les dernières sorties opérées par l'armée de Paris pendant les journées des 29 et 30 novembre, 1er, 2 et 3 décembre, ont amené des engagements sur la plupart des points des lignes d'investissement de l'ennemi.

» Dès le 28 novembre, au soir, les opérations étaient commencées.

» A l'est, le plateau d'Avron était occupé à huit heures, par les marins de l'amiral Saisset, soutenu par la division Hugues et une artillerie nombreuse de pièces à longue portée était installée sur ce plateau, menaçant au loin la position de l'ennemi et les routes suivies par ses convois à Gagny, à Chelles et à Gournay.

» A l'ouest, dans la presqu'île de Gennevilliers, des travaux de terrassement étaient commencés sous la direction du général de Liniers ; de nouvelles batteries étaient armées ; des gabionnages et des tranchées-abris étaient installés dans l'île Marante, dans l'île de Bezons et sur le chemin de fer de Rouen. Le lendemain, le général de Beaufort complétait les opérations de l'ouest en dirigeant une reconnaissance sur Buzenval et les hauteurs de la Malmaison, en restant sur sa droite relié devant Bezons, aux troupes du général Liniers.

» Le 29, au point du jour, les troupes de la 3ᵉ armée, aux ordres du général Vinoy, opéraient une sortie au Thiais, l'Hay et Choisy-le-Roi, et le feu des forts étaient dirigé sur les divers points signalés comme servant au rassemblement des troupes de l'ennemi.

» Des mouvements exécutés pendant deux jours avaient garni de forces imposantes la plaine d'Aubervilliers, et réuni les trois corps de la 2ᵉ armée aux ordres du général Ducrot, sur les bords de la Marne.

» Le 30 novembre, au point du jour, des ponts préparés hors des vues de l'ennemi, se trouvaient jetés sur la Marne, sous Nogent et Joinville, et les deux premiers corps de la 2ᵉ armée, conduits par les généraux Blanchard et Renault, exécutaient rapidement avec toute leur artillerie le passage de la rivière (1). Ce mouvement avait été assuré par un feu soutenu d'artillerie, partant des batteries de position établies sur la rive droite de la Marne à Nogent, au Perreux, à Joinville et dans la presqu'île de Saint-Maur.

» A neuf heures, ces deux corps d'armée attaquaient le village de Champigny, le bois du Plant et les premiers échelons du plateau de Villiers. A

---

(1) Nous avons vu que le passage n'a pu s'effectuer que ce jour-là, au lieu du 24, par suite de ce que le pont était trop court.

onze heures, toutes les positions étaient prises, et les travaux de retranchement étaient déjà commencés par les troupes de seconde ligne, lorsque l'ennemi fit un vigoureux effort en avant, soutenu par de nouvelles batteries d'artillerie. A ce moment, nos pertes furent sensibles; devant Champigny, les pièces prussiennes établies à Chennevières et à Cœuilly, refoulaient les colonnes du 1er corps, tandis que de nombreuses troupes d'infanterie, descendant des retranchements de Villiers, chargeaient les troupes du général Renault. Ce furent alors les énergiques efforts de l'artillerie, conduite par nos généraux Frébault et Boissonnet, qui permirent d'arrêter la marche offensive que prenait l'ennemi.

» Grâce aux changements apportés dans l'armement de nos batteries, l'artillerie prussienne fut en partie démontée, et nos hommes, ramenés à la baïonnette par le général Ducrot, purent prendre définitivement possession des crêtes.

» Pendant ces opérations, le 3e corps sous les ordres du général d'Exéa, s'était avancé dans la vallée de la Marne, jusqu'à Neuilly-sur-Marne et Ville-Evrard. Des ponts avaient été jetés au Petit-Bry, et Bry-sur-Marne était attaqué et occupé par la division Bellemare. Son mouvement retardé par le passage de la rivière, se prolongea au delà du village jusqu'aux pentes du plateau de Villiers, et les efforts de ses colonnes vinrent concourir à la prise de possession des crêtes, opérée par le 2e corps en avant de Villiers. Le soir, nos feux de bivacs s'étendaient sur tous les coteaux de la rive gauche de la Marne, tandis que brillaient, sur les pentes de Nogent et Fontenay, les feux de nos troupes de réserve.

» Ce même jour, 30 novembre, la division Susbielle, soutenue par une importante réserve des bataillons de la garde nationale, s'était portée en avant de Creteil, et avait enlevé à l'ennemi les positions de Mesly et Montmesly, qu'elle devait occuper jusqu'au soir. Cette division, sur la droite des opérations de la deuxième armée, était soutenue par de nouvelles sorties opérées sur la rive gauche de la Seine, vers Choisy-le-Roi et Thiais, par des troupes du général Vinoy.

» Au nord, l'amiral La Roncière, soutenu par l'artillerie de ses forts, avait occupé, dans la plaine d'Aubervilliers, Drancy et la ferme de Groslay; de fortes colonnes ennemies avaient été ainsi attirées sur les bords du ruisseau la Morée, en arrière du pont Iblon. Vers deux heures, l'amiral traverse Saint-Denis, et, se portant de sa personne à la tête de nouvelles troupes, dirige l'attaque d'Epinay, que nos soldats, soutenus par les batteries de la presqu'île de Gennevilliers, ont pu occuper avec succès.

» Le 1ᵉʳ décembre, il n'y eut que quelques combats de tirailleurs, au début de la journée, devant les positions de la deuxième armée, et le feu du plateau d'Avron continua à inquiéter les mouvements de l'ennemi à Chelles et à Gournay, dans le mouvement de concentration considérable qu'il opérait, la nuit surtout, pour amener de nouvelles forces en arrière des positions de Cœuilly et de Villiers.

» Le 2 décembre, avant le jour, les nouvelles forces ainsi rassemblées s'élancèrent sur les positions de l'armée du général Ducrot; sur toute la ligne, l'attaque se produisit subitement et à l'improviste sur les avant-postes des trois corps d'armée de Champigny jusqu'à Bry-sur-Marne.

» L'effort de l'ennemi échoua : soutenues par un ensemble d'artillerie considérable, nos troupes, malgré les pertes qu'elles avaient à subir, opposèrent la plus vive résistance. La lutte fut longue et terrible. Nos batteries arrêtèrent les colonnes prussiennes sur le plateau, et dès onze heures, les efforts de l'ennemi étaient entièrement vaincus. A quatre heures, le feu cessait, et nous restions maîtres du terrain de la lutte. Le 3 décembre, sans que l'ennemi pût inquiéter notre retraite, aidés par le brouillard, cent mille hommes de la deuxième armée avaient de nouveau passé la Marne, laissant l'armée prussienne relever ses morts. »

Les commentaires sont inutiles sur ce rapport; chacun peut en apprécier sa juste valeur.

Voici le récit d'un zouave, publié par le *Gaulois*, relativement au passage de la Marne :

« Depuis deux heures du matin, les forts n'avaient pas cessé de tonner. Mais un ordre du jour nous apprend bientôt que le passage de la Marne n'avait pu s'effectuer, — je n'ai jamais bien su pourquoi, — et que l'opération était manquée pour ce jour-là. »

Extrait du mémoire de M. Viollet-le-Duc sur la défense de Paris :

« On devait opérer le 29 novembre, avant le jour. Malheureusement, en cette circonstance comme dans toutes les autres, il se trouva que, le 29 au matin, les ponts et bateaux qui devaient être jetés sur la Marne dans la nuit du 28 au 29 n'étaient pas tous prêts. Il fallut ajourner l'attaque au lendemain ; de sorte que l'ennemi eut vingt-quatre heures pour préparer sa défense, avec la certitude d'être attaqué dans la presqu'île de Joinville-le-Pont, puisqu'il voyait les troupes parisiennes se masser dans le champ de manœuvres de Vincennes, sur les rives de la Marne, de Nogent à Saint-Maur, et qu'il avait pu entendre toute la nuit les trains du chemin de fer de ceinture et le bruit de l'artillerie défilant sur les routes. »

Le tableau officiel de nos pertes du 28 novembre au 3 décembre, se décompose ainsi :

	Officiers		Troupe	
	TUÉS	BLESSÉS	TUÉS	BLESSÉS
Deuxième armée..	61	301	711	4.098
Troisième armée..	8	22	192	364
Corps d'armée de Saint-Denis...	3	19	33	218
Totaux...	72	342	936	4.680

RÉSUMÉ

	TUÉS	BLESSÉS
Officiers...............	72	342
Troupe...............	936	4.680
Totaux......	1.008	5.022

Ne sont pas compris dans ce tableau les hommes disparus, dont le nombre est, dit-on, de deux mille.

Deux généraux meurent de leurs blessures, Renault et Ladreitt de la Charrière.

On peut dire sans exagération aucune que, de

son propre aveu, l'ennemi n'a pas moins souffert. On en jugera par les renseignements ci-joints :

La nouvelle *Gazette de Prusse* publie un télégramme du général d'Obernitz, commandant la division wurtembergeoise, ainsi conçu :

« Les pertes de la division wurtembergeoise, dans les combats des 30 novembre, 2 et 3 décembre, sont de 13 officiers et 268 sous-officiers et soldats tués, 47 officiers et 1,345 soldats blessés, 1 officier et 345 soldats disparus. Total : 61 officiers et 1,959 sous-officiers et soldats hors de combat pour la seule division wurtembergeoise, comprenant trois brigades d'infanterie (8 régiments de ligne et trois bataillons de chasseurs) et quatre régiments de cavalerie. Parmi les morts, on signale les deux fils du ministre des affaires étrangères de Wurtemberg, comte de Taube. »

Toutes les lettres publiées par la *Gazette de Liepzig* s'accordent à dire que les derniers combats de sortie devant Paris ont été les plus sanglants.

Une lettre se termine ainsi :

« Mon régiment (n° 107) comptait 3,000 hommes à notre entrée en France ; on nous a ensuite envoyé à deux reprises des renforts de 350 hommes, ce qui portait notre effectif à 3,700 hommes. Aujourd'hui, nous sommes à peine 1,070. Nous avons donc perdu, tant en morts qu'en blessés, malades ou disparus, 2,630 hommes. Le bruit court ici que nous ne serons plus envoyés au feu. »

Le *Journal de Dresde* dit que les pertes de la journée du 30 devant Paris, du côté Saxon seulement, s'élevaient à 2,100 morts ou blessés, parmi lesquels 76 officiers.

Les Prussiens sont moins expansifs et ne soufflent mot de leurs pertes. Cependant un aveu de la nouvelle *Gazette de Stettin* dit, d'après des nouvelles privées, que le 9ᵉ régiment d'infanterie et le 4ᵉ chasseurs auraient éprouvé, dans les derniers combats devant Paris, des pertes sensibles. Ils auraient 13 officiers tués. Le nombre de blessés serait considérable.

La population parisienne était dans un état de surexcitation extrême à l'annonce de la retraite de notre armée.

Le gouvernement, par deux proclamations, cherche à tempérer le désappointement de la population.

Le 2 décembre, le gouvernement de la Défense nationale adresse la lettre suivante au général Trochu :

Général et bien cher président,

Depuis trois jours nous sommes avec vous par la pensée sur ce champ de bataille glorieux où se décident les destinées de la patrie. Nous voudrions partager vos dangers, en vous laissant cette gloire qui vous appartient bien d'avoir préparé et d'assurer maintenant, par votre noble dévouement, le succès de notre vaillante armée. Nul mieux que vous n'a le droit d'en être fier, nul ne peut plus dignement en faire l'éloge; vous n'oubliez que vous-même, mais vous ne pouvez vous dérober à l'acclamation de vos compagnons d'armes électrisés par votre exemple.

Il nous eût été doux d'y joindre les nôtres; permettez-nous au moins de vous exprimer tout ce que notre cœur contient pour vous de gratitude et d'affection. Dites au brave général Ducrot, à vos officiers si dévoués, à vos vaillants soldats, que nous les admirons. La France républicaine reconnaît en eux l'héroïsme noble et pur qui l'a déjà sauvée. Elle sait maintenant qu'elle peut mettre en eux et en vous l'espoir de son salut.

Nous, vos collègues, initiés à vos pensées, nous saluons avec joie ces belles et grandes journées où vous vous êtes révélé tout entier, et qui, nous en avons la conviction profonde, sont le commencement de notre délivrance.

Les efforts de la charité privée pour la constitution d'ambulances particulières ont été immenses. Il y a environ dix mille lits.

L'archevêque de Paris offre ses églises aux blessés ; celle de Montrouge reçoit une ambulance.

Le 6 décembre, le gouverneur de Paris reçoit une lettre dont voici le texte :

Versailles, 5 décembre 1870.

Il pourrait être utile d'informer Votre Excellence que l'armée de la Loire a été défaite hier, près d'Orléans, et que cette ville est réoccupée par les troupes allemandes.

Si, toutefois, Votre Excellence juge à propos de s'en convaincre par un de ses officiers, je ne manquerai pas de le munir d'un sauf-conduit pour aller et venir.

Agréez, mon général, l'expression de la haute considération avec laquelle j'ai l'honneur d'être votre très humble serviteur.

Le chef d'Etat-major,
Comte DE MOLTKE.

Le gouverneur a répondu par la lettre suivante :

Paris, le 6 décembre 1870.

Votre Excellence a pensé qu'il pourrait être utile de m'informer que l'armée de la Loire a été défaite près d'Orléans et que cette ville est occupée par les troupes allemandes.

J'ai l'honneur de vous annoncer réception de cette communication, que je ne crois pas devoir faire vérifier par les moyens que Votre Excellence m'indique.

Agréez, mon général, l'expression de la considération avec laquelle j'ai l'honneur d'être votre très humble serviteur.

Le gouverneur de Paris,
Général Trochu.

Personne dans Paris ne croyait à cette nouvelle.

Le bataillon dit des tirailleurs de Belleville est dissous, pour actes d'indiscipline.

Le 12 décembre, la prorogation de délai accordé aux effets de commerce est augmentée d'un mois à partir du 14 décembre courant.

Le 14 décembre, on entre réellement dans la période de privations. Voici ce que dit le *Temps* :

« La gelée a donné le coup de bât à ce que la maraude avait permis de mettre en réserve.

» Plus de légumes de pot-au-feu.

» Ne cherchez pas de pommes de terre.

» Il y a quelques choux-fleurs. Gros comme le poing, c'est 3 francs la tête. Le chou, pas plus gros et à la charrette, en pleine rue, 2 fr. 75. On vendait il y a quelques jours encore par petits paquets, pour 2 sous, 3 sous, même 4 sous, les feuilles extérieures du pied de choux. Les choux de Bruxelles se payent 2 fr. 50 le litre ; s'ils sont gelés, 2 francs. Une poule, 25 francs et 64 francs une couple de lapins. Les canards, 20 à 25 francs et les oies, 60 francs. Il n'en reste que les plumes. Les œufs, 1 franc l'un, et sans être bons à manger dans leur coque. Le poisson, on vous demande 2 francs de dix ablettes qui tiendraient dans une coquille de noix, avec un peu de bonne volonté. »

Le 16 décembre, on commence à donner du pain bis.

Le 18 décembre, la Banque de France est autorisée à émettre des billets de banque de vingt francs.

Le froid commence à se faire sentir d'une manière très vive. Le baromètre commence à marquer 5 degrés au-dessous de zéro.

Le 21 décembre, reprise d'Orléans par les Prussiens.

Chose digne de remarque, les généraux, soit à Paris, soit en province, commettent les mêmes fautes. D'Aurelles de Paladine, qui s'était emparé d'Orléans, se laisse surprendre par les Prussiens, qui reprennent cette ville.

Tous les jours, il y a quelques combats aux avant-postes. Les troupes qui sont cantonnées se voient obligées, par le froid, de casser les meubles, chaises, tables, pianos qui sont dans les villas, afin de les brûler pour se chauffer.

Le 25 décembre, du côté du Bourget, plus de 600 hommes ont été frappés de congélation par suite d'un froid de plusieurs degrés, allant jusqu'à 10 degrés 5 dixièmes et 11 degrés 7 dixièmes au-dessous de zéro.

Comprenant que la capitulation allait arriver et que le doute ne pouvait plus exister, je résolus de quitter la garde nationale; je me rendis à cet effet chez mon capitaine et lui dis ceci :

« Je vous apporte mon fusil que je dépose entre vos mains avec regret, car j'aurais voulu m'en servir contre les Prussiens ; mais puisque je crois que tout est fini, je donne ma démission, car je ne veux pas me servir de cette arme contre mes concitoyens. Mes sentiments me dictent cette résolution.

» Mais dans le cas, peu probable, car mon opinion est faite là-dessus, où le général Trochu, par un sentiment louable et par suite des remords de sa conscience, viendrait à se rappeler son devoir, vous me connaissez assez pour savoir que je reprendrais mon fusil avec une joie extrême, afin de sacrifier ma vie, si cette vie est nécessaire pour sauver notre malheureuse patrie ! »

Je lui remis ma caisse avec la solde. Il accepta ma démission. C'est à partir de ce moment-là que je ne fis plus partie de la garde nationale. Je me remis complètement à ma besogne, laquelle m'attendait avec impatience.

Le 27 décembre, l'ennemi démasque des batteries de siège contre les forts de l'est, de Noizy à Nogent et contre le plateau d'Avron. A onze heures, le feu était très vif. Ce combat a duré jusqu'à cinq heures.

Il y eut treize officiers blessés et trois tués.

Cet ensemble de faits, dit le rapport, tendrait à prouver que l'ennemi, fatigué d'une résistance de plus de cent jours, se dispose à employer contre nous des moyens d'attaque à grande distance, qu'il a depuis longtemps rassemblés.

Les cantines municipales ont commencé à fonctionner le 15 octobre dernier. Le chiffre des portions distribuées était de 7,800 le 1er novembre ; il atteint 13,500 le 30 ; il est maintenant de 18,000 par jour. Dans le cours du mois de novembre, le total des portions distribuées s'est élevé à 351,000. Ces distributions sont absolument gratuites. La dépense s'élève à 90,000 francs par mois.

Le boucher du boulevard Haussmann achète

les animaux du jardin d'Acclimatation pour les vendre en détail. Il a acheté aussi les trois éléphants du jardin des Plantes pour le prix de 27,000 francs.

Pendant quelques jours, la viande d'éléphant fait beaucoup causer.

A la Villette, vers les trois heures de l'après-midi, un cheval étique tombe sur la chaussée; la foule s'amasse, pousse un hurrah et se précipite sur le cheval. Hommes, femmes et enfants forment une mêlée d'un aspect étrange. Tous les instruments tranchants se mettent de la partie, et en moins de vingt minutes, il ne reste du cheval que la tête et les quatre jambes.

Le 28 décembre, les projectiles lancés aujourd'hui par les batteries prussiennes sont estimés à 5 ou 6,000. Le chemin entre Rosny et Avron était impraticable, les projectiles y arrivant en très grand nombre.

L'ennemi ayant appuyé, dans l'après-midi, par de nouvelles batteries, celle qu'il avait établie, la position du plateau est devenue intenable. En conséquence, les troupes ont dû quitter le plateau, et le gouverneur a fait rentrer l'artillerie en arrière des forts.

Les pertes sont de 102 hommes tués ou blessés.

Le 29 décembre, le bombardement a redoublé d'intensité. Il a été plus particulièrement dirigé contre les forts de Rosny, Nogent et Noisy.

Il y a eu au fort de Nogent 14 blessés, dont 2 canonniers auxiliaires; au fort de Rosny, 3 tués, dont 2 artilleurs de la garde nationale; 9 blessés, dont 4 artilleurs de la garde nationale; au fort de Noisy, quelques contusionnés seulement.

L'ennemi a ouvert le feu sur Bondy, où nous avons eu 2 hommes tués et 6 blessés.

Le froid continue avec une intensité extraordinaire, car, à midi, le thermomètre marque 8 degrés 8 dixièmes de froid.

La Commune est plus que jamais à l'ordre du jour dans les clubs.

Les maires de Paris vont trouver Jules Favre en réclamant pour eux plus d'initiative pour la défense de Paris.

Delescluze fait un réquisitoire contre le général Trochu et ses collègues.

Jules Favre parla longuement. Il confessa que le général Trochu n'avait pas été toujours exempt de blâme; qu'il s'était souvent montré hésitant, mais qu'il avait confiance dans le résultat final; qu'il voulait le triomphe et le maintien de la République; qu'il la maintiendrait et la ferait triompher.

On applaudit vivement et on se sépara sans prendre une résolution, sauf celle où Jules Favre promit de convoquer les maires pour samedi ou dimanche au plus tard.

Le ministre de l'agriculture et du commerce publie cette circulaire :

Paris, le 29 décembre 1870.

Le gouvernement a pensé qu'il fallait inaugurer l'année 1871 par une mesure dont chaque citoyen profiterait, et il m'a chargé de la mission très agréable de donner aux vingt arrondissements de Paris :

1° 104,000 kil. de très bonne viande de bœuf conservée (au lieu de viande de cheval);
2° 52,000 kil. de haricots secs;
3° 52,000 kil. d'huile d'olive;
4° 52,000 kil. de café vert en grains;
5° 52,000 kil. de chocolat.

Vous voyez que nos magasins ne sont pas encore vides, quoique nous y puisions depuis le 7 septembre.

Nos ennemis ne nous empêcheront pas de fêter la nouvelle année et d'avoir la foi la plus inaltérable dans notre délivrance et dans la régénération de notre patrie.

J. MAGNIN.

Le 30 décembre, le feu de l'ennemi a recommencé ce matin, à 7 heures 45; il a été vif pendant une partie de la journée.

Il n'y a eu que 3 blessés au fort de Nogent et 2 au fort de Rosny.

Le commandant supérieur félicite les bataillons de la garde nationale qui rentrent à Paris, après avoir occupé les postes avancés.

Le général commandant la 3ᵉ division Beaufort, dit qu'il n'a qu'à se louer de leur attitude énergique et de leur bon esprit.

L'amiral Saisset dit à son tour :

Les vingt bataillons de garde nationale mobilisée placés sous mon commandement rentrent dans Paris, selon les ordres du gouverneur, pour se remettre des rudes nuits de bivouac passées dans les tranchées de l'Est.

En attendant de nous revoir pour une prochaine action, je regarde comme un grand honneur pour moi et un plaisir d'avoir à remercier ces bataillons, de leur active coopération, de leur bon esprit et de la fermeté de caractère qu'ils ont constamment déployée au milieu de nos épreuves.

Noisy, le 31 décembre 1870.

Le vice-amiral,
SAISSET.

Le gouverneur de Paris adresse à la population et à l'armée de Paris la proclamation suivante :

Citoyens et soldats,

De grands efforts se font pour rompre le faisceau des sentiments d'union et de confiance réciproque auxquels nous devons de voir Paris, après plus de cent jours de siège, debout et résistant. L'ennemi, désespérant d'entrer à Paris pour la Noël, comme il l'a solennellement annoncé, ajoute le bombardement de nos avancées et de nos forts aux procédés si divers d'intimidation par lesquels il a cherché à énerver la défense. On exploite devant l'opinion publique les mécomptes dont un hiver extraordinaire, des fatigues et des souffrances infinies ont été la cause pour nous. Enfin, on dit que les membres du gouvernement sont divisés dans leurs vues sur les grands intérêts dont la direction leur est confiée.

L'armée a subi de grandes épreuves, en effet, et elle avait besoin d'un court repos, que l'ennemi lui dispute par le bombardement le plus violent qu'aucune troupe ait jamais éprouvé. Elle se prépare à l'action avec le concours de la garde nationale de Paris, et, tous ensemble, nous ferons notre devoir.

Enfin, je déclare ici qu'aucun dissentiment ne s'est produit dans les conseils du gouvernement, et que nous sommes très étroitement unis, en face des angoisses et des périls du pays, dans la pensée et dans l'espoir de la délivrance.

Le gouverneur de Paris,
Général TROCHU.

Hier, à minuit, le thermomètre marquait 8 degrés 5 dixièmes au-dessous de zéro. Aujourd'hui, à six heures du matin, 9 degrés 2 dixièmes au-dessous de zéro.

Le 31 décembre, l'ennemi a augmenté ses batteries de gros calibres et a rapproché plusieurs d'entre elles du point d'attaque. Ses projectiles sont arrivés aujourd'hui en assez grand nombre à la ferme de Groslay, à Drancy, Bobigny, Bondy, et quelques-uns même sont parvenus jusqu'à la Folie et Noisy-le-Sec.

Il a continué en même temps le bombardement sur les forts de Rosny, Nogent et Noisy. Il n'y a eu que quelques dégâts matériels et un très petit nombre de blessés.

Départ du ballon l'*Armée de la Loire*. Il atterrit à Montbizot, près du Mans, avec un gros chargement de lettres.

Je n'ai pas besoin de dire que depuis le commencement du siège, un service journalier est fait pour remplacer la poste.

Un conseil extraordinaire a été tenu.

Outre les généraux Vinoy, Ducrot, La Roncière le Noury, y assistaient le général de Bellemare, le général Guyot, de l'artillerie ; le général Clément Thomas, le général Chabaud-Latour, chef des fortifications. Les vices-amiraux Pothuau et Saisset devaient être présents, mais le feu de l'ennemi les a retenus à leur poste.

Il n'a pas été constitué en réalité de conseil de guerre permanent, mais il a été arrêté qu'à l'avenir, toutes les grandes décisions seraient prises en adjoignant au conseil du gouvernement les généraux déjà nommés.

M. A. de Rothschild fait don aux vingt mairies de Paris de bons d'une valeur de 200,000 francs, pour distribuer des vêtements chauds à la population nécessiteuse.

Les légumes sont hors de prix :

Une carotte potagère, 60 centimes ; un navet de

la grosseur d'une pomme de rainette, 80 centimes; une betterave, 4 fr.; une tête de céleri, 2 fr. 25; une escarole, 1 fr. 25; un poireau, 40 centimes; le litre d'oignons, 2 fr. 25; pommes de terre, introuvables à aucun prix; un chou ordinaire, 6 fr.; un chou-fleur, 8 francs.

Charcuterie, lard, très rare à 6 fr. la livre; jambon, plus rare encore, 10 fr. la livre.

L'œuf, 1 fr. l'un; ainsi de suite pour tout ce qui est relatif à la nourriture.

Les habitants de Paris ont accepté les privations avec une philosophie digne de remarque.

On ne fait plus le pot-au-feu qu'avec du cheval. La viande fraîche de bœuf n'existe plus.

Le 1er janvier 1871, l'ennemi a tiré pendant un grande partie de la nuit; nous avons eu quelques blessés et un lieutenant d'artillerie de la garde nationale tué.

Dans nos forts, pas de blessés; peu de dommages.

Le nouveau recensement de la population actuelle de Paris, en comprenant les individus réfugiés, s'élève à 2,005,709 habitants, non compris l'armée, la garde mobile et la marine, qui serait alors de deux millions deux cent mille âmes.

La semaine qui vient de s'écouler a été plus désastreuse encore pour la santé publique que les précédentes. Les décès se sont élevés de 2,728 au chiffre énorme de 3,280.

Louis Blanc écrit une lettre aux journaux dans laquelle il dit que Paris a une artillerie puissante et cinq cent mille vaillantes mains tenant un fusil, et que par conséquent son rôle n'est pas d'attendre, à l'abri des remparts, que la famine vienne nous prendre à la gorge! A ce compte, nos généraux seraient des personnages parfaitement inutiles. Quel besoin aurions-nous de leur savoir militaire, et de quoi nous servirait même leur génie si nous devions nous borner, sous leurs ordres, à épier sur le cadran l'heure de la soumission.

Il presse les généraux à l'action vigoureuse en croyant à la patrie.

Un crédit de 100,000 francs est ouvert pour le dégagement gratuit d'objets déposés au Mont-de-Piété.

Richard Wallace, dont la bourse ne tarit jamais, fait à son compte une ambulance pouvant recevoir 25 blessés. Il a fait jusqu'à ce jour des dons en argent pour plus d'un million.

Les chiens errants, très-nombreux en octobre, ont tous disparu. Ils servent à l'alimentation parisienne.

Le 2 janvier, le bombardement des forts de Nogent, Rosny et Noisy, et des villages environnants, a continué ce matin, sans causer jusqu'à présent de dommages bien sérieux.

Le 3 janvier, une panique s'est produite à propos du manque de pain.

Ce matin, dans quelques quartiers de Paris, plusieurs boulangeries n'ont pas eu leur approvisionnement habituel. Dans le faubourg Saint-Antoine, on a fait queue devant la porte des boulangers et, à dix heures, tout le pain avait disparu.

A Belleville, la rareté du pain s'est fait sentir dès hier. Dans la Grande-Rue, toutes les boutiques sont restées fermées; sur quelques-unes on lisait un avis ainsi conçu : « Fermé pour manque de farines. »

Ce matin, elles sont ouvertes comme d'habitude;

mais, deux heures après on les a fermées de nouveau, leur fournée de pain étant épuisée.

Le thermomètre marque toujours de 5 à 6 degrés au-dessous de zéro.

Un nouveau délai de trois mois est accordé aux locataires habitant le département de la Seine, qui déclareront être dans la nécessité d'y recourir pour le payement du terme de loyer, échu le 1er janvier 1871, et des termes précédemmen échus qui ne seraient pas encore acquittés.

La Cour d'appel, chambre des mises en accusation, a rendu aujourd'hui, sous la présidence de M. Sallé, l'arrêt qui statue sur le sort des accusés arrêtés par suite de leur participation aux faits insurrectionnels du 31 octobre.

L'arrêt renvoie les inculpés devant la justice militaire.

M. Edgar Quinet publie une lettre pour provoquer une action décisive.

Le 4 janvier, le bombardement des forts de l'Est a continué aujourd'hui. Le fort de Nogent a reçu plus de 1,200 obus, qui n'ont pas produit plus d'effet que les jours précédents.

L'ennemi a canonné Montreuil pendant une partie de la nuit.

Les distributions de bois de chauffage provenant de coupes exécutées dans les jardins, parcs ou boulevards n'ont pas produit l'effet qu'on en attendait. Le bois vert brûle mal, fume horriblement.

Hier, à minuit, le thermomètre marquait 10 degrés au-dessous de zéro.

Aujourd'hui, à 6 heures du matin, 11 degrés 5 dixièmes au-dessous de zéro.

A midi, 7 degrés 2 dixièmes au-dessous de zéro.

La compagnie des Omnibus vient de réduire de quatre-vingt le nombre de ses voitures.

Elle y est contrainte par les réquisitions, comme par la difficulté de remonter sa cavalerie.

Le 5 janvier, l'ennemi a attaqué Bondy; ses tirailleurs ont été repoussés, laissant 15 cadavres sur le terrain.

De 8 heures du matin à 4 heures du soir Bondy a été bombardé, ainsi que les forts de l'Est.

Quelques obus sont parvenus jusque dans le quartier Saint-Jacques.

Les pertes s'élèvent à 9 tués, dont 1 capitaine, et une quarantaine de blessés, dont 4 officiers.

Un certain nombre d'obus sont arrivés à Auteuil et au Point-du-Jour.

C'est à midi que les premières bombes sont tombées à Montrouge. A 3 heures, le haut du quartier latin, la rue d'Enfer, la rue de l'Abbé-de-l'Epée ont vu éclater des projectiles en assez grande quantité.

Au cimetière Montparnasse, plusieurs pierres tumulaires ont été brisées et les portes de l'Hôtel-Dieu se sont refermées sur les premiers blessés civils atteints dans l'intérieur de Paris.

Proclamation du gouvernement:

Le bombardement de Paris est commencé.

L'ennemi ne se contente pas de tirer sur nos forts, il lance des projectiles sur nos maisons, il menace nos foyers et nos familles.

Sa violence redoublera la résolution de la cité, qui veut combattre et vaincre.

Les défenseurs des forts, couverts de feux incessants ne perdent rien de leur calme, et sauront infliger à l'assaillant de terribles représailles.

La population de Paris accepte vaillamment cette

nouvelle épreuve. L'ennemi croit l'intimider ; il ne fera que rendre son élan plus vigoureux. Elle se montrera digne de l'armée de la Loire qui a fait reculer l'ennemi, de l'armée du Nord qui marche à notre secours.

Vive la France! Vive la République !

Proclamation affichée sur les murs de Paris dans la nuit du 4 au 5 janvier :

AU PEUPLE DE PARIS,
LES DÉLÉGUÉS DES VINGT ARRONDISSEMENTS

Le gouvernement qui, le 4 septembre, s'est chargé de la Défense nationale, a-t-il rempli sa mission ?

Non.

Nous sommes 500,000 combattants, et 200,000 Prussiens nous étreignent. A qui la responsabilité, sinon à ceux qui nous gouvernent? Ils n'ont pensé qu'à négocier, au lieu de fondre des canons et fabriquer des armes.

Ilt se sont refusés à la levée en masse.

Ils ont laissé en place les bonapartistes et mis en prison les républicains.

Ils ne se sont décidés à agir contre les Prussiens qu'après deux mois, au lendemain du 31 octobre.

Par leur lenteur, leur indécision, leur inertie, ils nous ont conduits jusqu'au bord de l'abîme ; ils n'ont su ni administrer ni combattre, alors qu'ils avaient sous la main toutes les ressources, les denrées et les hommes.

Ils n'ont pas su comprendre que, dans une ville assiégée, tout ce qui soutient la lutte pour sauver la patrie, possède un droit égal à recevoir d'elle la subsistance ; ils n'ont su rien prévoir ; là où pouvait exister l'abondance, ils ont fait la misère ; on meurt de froid, déjà presque de faim; les femmes souffrent, les enfants languissent et succombent.

La direction militaire est plus déplorable encore sorties sans but; luttes meurtrières sans résultats ;

insuccès répétés qui pouvaient décourager les plus braves ; Paris bombardé.

Le gouvernement a donné sa mesure ; il nous tue.

Le salut de Paris exige une décision rapide.

Le gouvernement ne répond que par la menace aux reproches de l'opinion. Il déclare qu'il maintiendra l'ordre, comme Bonaparte avant Sedan.

Si les hommes de l'Hôtel de Ville ont quelque patriotisme, leur devoir est de se retirer, de laisser le peuple de Paris prendre lui-même le soin de sa délivrance. La Municipalité ou la Commune, de quelque nom qu'on l'appelle, est l'unique salut du peuple, son seul recours contre la mort.

Toute adjonction ou immixtion au pouvoir actuel ne serait rien qu'un replâtrage, perpétuant les mêmes errements, les mêmes désastres.

Or, la perpétuation de ce régime, c'est la capitulation ; et Metz et Sedan nous apprennent que la capitulation n'est pas seulement encore et toujours la famine, mais la ruine de tous, la ruine et la honte.

C'est l'armée et la garde nationale transportées prisonnières en Allemagne, et défilant dans les villes sous les insultes de l'étranger ; le commerce détruit, l'industrie morte, les contributions de guerre écrasant Paris : voilà ce que nous prépare l'impéritie ou la trahison.

Le Grand Peuple de 89, qui détruit les bastilles et renverse les trônes, attendra-t-il, dans un désespoir inerte, que le froid et la famine aient glacé dans son cœur, dont l'ennemi compte les battements, la dernière goutte de sang ?

Non !

La population de Paris ne voudra jamais accepter ces misères et ces hontes. Elle sait qu'il en est temps encore, que des mesures décisives permettront aux travailleurs de vivre, à tous de combattre :

Réquisitionnement général ;

Rationnement gratuit ;

Attaque en masse.

La politique, stratégie, l'administration du 4 septembre, continuées de l'empire, sont jugées.

Place au peuple ! place à la Commune !

Les délégués des 20 arrondissements de Paris :

ADOUÉ, ANSEL, ARNAUD, J. F. ARNAUD. Edm. AUBERT, BABICK, BAILLET père, A. BAILLET, BEDOUCH, Ch. BESLAY, BONNARD, J. M. BOITARD, Casimir BOUIS, Léon BOURDON, Abel BOUSQUET, V. BOYER, BRANDELY, Gabriel BRIDEAU, L. CARIA, CAULLET, CHALVET, J. B. CHAUTARD, CHAMPY, CHAPITEL, CHARBONNEAU, CHARDON, CHARTINÉ, Eug. CHATELAIN, CHAUVIÈRE, CHAMOUSSE, A. CLARIS, CLAVIER, CLÉMENCE, Lucien COMBATS, Julien CONDUCHÉ, DELAGE, DELARUE, DEMAY, P. DENIS, DURIÈS, DEREUX, DUPAS, DUVAL, DUVIVIER, R. ESTIEU, FABRE, F. FÉLIX, Jules FERRÉ, Th. FERRET, FLOTTE, FRUNEAU, G. J. GARNIER, M. GARREAU, GENTILINI, Ch. GÉRARDIN, Eug. GÉRARDIN, L. GENTON, GILLET, L. GIRARD, GIROND-TROULLIER, J. GOBERT, Albert GOULLÉ, GRANDJEAN, GROT, HENRY, Fortuné HENRY, Alp. HUMBERT, HORTOUL, JAMET, JOHANNART, Michel JOLY, JOUSSET, JOUVARD, LACORD, LAFARGUE, LAFFITE, A. LALLEMENT, LAMBERT, LANGE, J. LARMIER, LAVOREL, LEBALLEUR, F. LEMAITRE, E. LEVERDAYS, Armand LÉVY, LUPICIN, Ambroise LYAZ, Pierre MALLET, MALOU, Louis MARCHAND, MARLIER, J. MARTELET, Constant MARTIN, MOUILLON, Léo MEILLIET, X. MISSOL, docteur TONY MOILENS, MOLLEVAUX, MONTELLE, J. MONTELS, MOUTON, MYARD, NAPIAS, PIQUET, Emile OUDET, PARISEL, H. PIEDNOIR, PÉRÈVE, docteur RÉGÈRE, RETTERER aîné, Aristide REY, J. RICHARD, ROSELLI-MOLLET, Edouard ROULLIER, Benjamin SACKS, SAINSON, Th. SAPIA, SALLÉE, Salvador DANIEL, SCHENEIDER, SERAY, SICARD, STORDEUR, TARDIF, TREILLARD, TESSEREAU, THALLER, THEIR, THIOLIER, TRIDON, URBAIN, VIARD, Ed. VAILLANT, Jules VALLÈS, VEILLET.

A la suite de cet appel à la révolte, 21 accusés ont été, le 22 janvier, cités devant le Conseil de guerre, sous l'inculpation d'excitation à la guerre civile.

On les a tous acquittés.

Pendant la nuit dernière, le feu de l'ennemi a été d'environ 30 coups à l'heure, contre les forts du Sud.

Dans Paris, il y a eu dans la nuit 10 victimes, dont 5 morts.

Le gouvernement adresse la proclamation suivante aux habitants de Paris :

Au moment où l'ennemi redouble ses efforts d'intimidation, on cherche à égarer les citoyens de Paris par la tromperie et la calomnie. On exploite contre la défense nos souffrances et nos sacrifices. Rien ne fera tomber les armes de nos mains. Courage, confiance, patriotisme !

Le gouverneur de Paris ne capitulera pas.

Général Trochu.

Le chiffre des décès pendant la dernière semaine s'est encore augmenté de 400. De 3,280 qu'il avait atteint, il s'est élevé à 3,680.

Le 7 janvier, bombardement une partie de la nuit et dans le cours de la journée.

Courneuve, 3 hommes blessés et 1 tué.

Forts d'Issy, Vanves et Montrouge, 4 hommes tués et quelques blessés.

Dans Paris, 4 tués et 6 blessés.

Le comte de Chambord proteste par une lettre contre le bombardement.

Le 8 janvier, à partir de sept heures du soir, les projectiles ont recommencé à tomber dans l'intérieur de Paris. Les batteries de Châtillon dirigent leurs feux sur le Panthéon, et celles de Meudon sur le quartier de Grenelle. Aux abords des Invalides et de l'Ecole militaire, il est tombé une centaine d'obus et un grand nombre d'autres près de l'Observatoire, dans le jardin du Luxembourg, rue de Fleurus, rue de Madame, boulevard Saint-Michel, rue du Bac.

Plus de trente de ces projectiles du plus gros calibre ont porté sur l'hôpital de la Pitié : une femme a été tuée, et les malades d'une salle ont dû être évacués dans les caves; le Val-de-Grâce a été bombardé également. L'ennemi semble prendre pour objectif les dômes des établissements hospitaliers de Paris. De sept à neuf heures du soir, on a compté 120 coups de canon par heure. Beaucoup de propriétés ont été endommagées, et il y a eu, dans la nuit du 7 au 8, 15 victimes, dont 2 morts.

Le 9 janvier, le bombardement continue sur la rive gauche.

Il y a eu dans la nuit 59 victimes signalées : 22 morts et 37 blessés.

Le *Journal officiel* dit : « qu'après trois mois d'investissement le bombardement de nos forts a commencé le 30 décembre, et, six jours après, celui de la ville. Une pluie de projectiles, dont quelques-uns, pesant 94 kilogrammes, apparaissent pour la première fois dans l'histoire des sièges, a été lancée sur la partie de Paris qui s'étend depuis les Invalides jusqu'au Muséum. Le feu a continué jour et nuit, sans interruption, avec une telle violence, que, dans la nuit du 8 au 9 janvier, la partie de la ville située entre Saint-Sulpice et l'Odéon recevait un obus par chaque intervalle de deux minutes.

» Tout a été atteint : nos hôpitaux regorgeant de blessés, nos ambulances, nos écoles, les musées et les bibliothèques, les prisons, l'église de Saint-Sulpice, celle de la Sorbonne et du Val-de-Grâce, un certain nombre de maisons particulières. Des femmes ont été tuées dans la rue, d'autres dans leur lit ; des enfants dans les bras de leurs mères. Une école de la rue Vaugirard a eu 4 enfants tués et 5 blessés par un seul projectile.

» Le musée du Luxembourg, qui contient les chefs-d'œuvre modernes, et le jardin où se trouvait une ambulance qu'il a fallu faire évacuer à la hâte, ont reçu vingt obus dans l'espace de quelques heures. Les fameuses serres du Muséum, qui n'avaient point de rivales dans le monde, sont détruites. Au Val-de-Grâce, pendant la nuit, 2 blessés, dont un garde national, ont été tués dans leur lit. Cet hôpital, reconnaissable à la distance de plusieurs lieues par son dôme que tout le monde connaît, porte les traces du bombardement dans ses cours, dans ses salles de malades, dans son église dont la corniche a été enlevée.

» Aucun avertissement n'a précédé cette furieuse attaque. »

» Paris s'est trouvé tout à coup transformé en champ de bataille, et nous déclarons avec orgueil que les femmes s'y sont montrées aussi intrépides que les citoyens. Tout le monde a été envahi par la colère, mais personne n'a senti la peur.

» Tels sont les actes de l'armée prussienne et de son roi, présent au milieu d'elle. Le gouvernement les constate pour la France, pour l'Europe et pour l'histoire. »

La note officielle dit la vérité sur l'effet négatif

produit par le bombardement. Au point de vue psychologique comme au point de vue guerrier, l'ennemi a commis là une faute de calcul. Il ne conservera que l'odieux d'un acte qui ne lui rapportera rien.

Le gouvernement a envoyé à nos agents diplomatiques une protestation contre le bombardement de la ville de Paris.

Le personnel des hôpitaux de Paris, ainsi que leurs médecins, proteste contre cet odieux bombardement.

La municipalité de Paris invite les propriétaires de la rive droite à faire à l'Hôtel de Ville la déclaration des logements qui restent vides dans leurs maisons. Par suite de ces déclarations, la mairie de Paris délivrera aux habitants de la rive gauche, menacés par le bombardement, des billets de logement.

La coupe du bois de Boulogne occupe en ce moment 800 travailleurs. Elle fournit à la consommation publique, chaque jour, 600 stères de bois, qui sont répartis entre les vingt arrondissements de Paris.

Le 10 janvier, le bombardement des forts de Vanves et de Montrouge a continué aujourd'hui avec la même vivacité comme d'habitude. Nos forts ripostent avec une égale vigueur.

Pendant la nuit, le bombardement a redoublé d'intensité. On a compté plus de 300 obus qui sont venus tomber dans les quartiers Saint-Victor, du Jardin-des-Plantes, du Val-de-Grâce, de Notre-Dame-des-Champs, de l'Ecole militaire, de la Maison-Blanche, de Montparnasse et de Plaisance. Diverses maisons de refuge et des ambulances ont été atteintes.

Le nombre des victimes signalées s'est élevé cette nuit à 48 : 12 morts et 36 blessés.

Le 11 janvier, l'ennemi a continué de bombarder Paris. Dans la journée, le feu a repris avec une violence extrême contre les forts d'Issy. 13 victimes.

Le gouvernement décrète que tout Français atteint par les bombes prussiennes est assimilé au soldat frappé par l'ennemi.

Le 12 janvier, une compagnie de zouaves et une compagnie de mobiles font une reconnaissance sur le plateau d'Avron. Les postes prussiens ont été chassés et nos éclaireurs reviennent avec 6 prisonniers.

Le bombardement a continué pendant la nuit; 250 coups de canon ont été tirés par les batteries prussiennes, et 125 obus ont éclaté sur divers points de la rive gauche. 21 victimes sont signalées.

Le 13 janvier, dans la boucle de la Marne, toujours même bombardement violent et persistant. Le général commandant supérieur de Vincennes se loue beaucoup de la tenue, sous le feu, des troupes de la garde nationale chargée de nos positions de ce côté.

Le bombardement de la ville a été incessant et est devenu très vif de dix heures à minuit.

Les membres du corps diplomatique présents à Paris envoient à Bismarck une note dans laquelle il est dit que les délibérations ont amené les soussignés à la résolution unanime de demander que, conformément aux principes et aux usages reconnus du droit des gens, des mesures soient prises pour permettre à leurs nationaux de se mettre à l'abri, eux et leurs propriétés.

Le comte de Birmarck, deux jours après, donne comme réponse qu'ils ont l'autorisation de quitter Paris et peuvent franchir ses lignes. Quant à leurs nombreux nationaux, il regrette de ne voir plus, à l'heure qu'il est, d'autre moyen que la reddition de Paris pour les mettre à l'abri des dangers inséparable du siège d'une forteresse.

Divers habitants s'installent dans leurs caves et d'autres dans les caveaux du Panthéon.

Du 14 au 15, il y a 31 victimes de signalées, dont plusieurs femmes et enfants tués.

Le 16 janvier, continuation du bombardement des forts. L'artillerie de l'enceinte répond aux Prussiens.

Dans Paris, 300 obus sont tombés dans les quartiers de l'île Saint-Louis et de la Monnaie, qui n'avaient pas encore été atteints. Tous les édifices reçoivent des projectiles. 21 victimes.

Le pain est rationné; les boulangers ne le livrent qu'à raison de 500 grammes par personne.

Le 17 janvier, le bombardement des forts du sud ralentit dans la nuit.

L'enceinte a repris son tir ce matin et le combat d'artillerie se continue sur tous les points.

La ville a reçu également un grand nombre d'obus.

L'ennemi a tenté une attaque contre Bondy pendant la nuit; il a été repoussé.

14 victimes du 16 au 17 janvier.

Le 18 janvier, le feu des batteries ennemies, dans le sud, a été continu.

Pendant toute la nuit, la ville a été bombardée et un commencement d'incendie s'est déclaré à la Halle aux vins.

Aujourd'hui, a lieu à Versailles le couronnement du nouvel empereur d'Allemagne.

Les 19 et 20 janvier. La population a supporté jusqu'à présent avec un calme inouï le bombardement de Paris, avec l'espoir, bien entendu, que le général Trochu va sortir de son inaction et que la bataille décisive va s'engager.

Chacun sait depuis la veille, qu'une action décisive, suprême, va s'engager. L'émotion est spontanée, aussi vive que celle du 29 novembre, car la population est directement engagée dans la lutte.

Cette émotion est décuplée par la proclamation suivante :

Citoyens,

L'ennemi tue nos femmes et nos enfants ; il nous bombarde jour et nuit ; il couvre d'obus nos hôpitaux. Un cri : « Aux armes ! » est sorti de toutes les poitrines.

Ceux d'entre nous qui peuvent donner leur vie sur le champ de bataille marcheront à l'ennemi ; ceux qui restent, jaloux de se montrer dignes de l'héroïsme de leurs frères, accepteront au besoin les plus durs sacrifices comme un autre moyen de se dévouer pour la patrie.

Souffrir et mourir s'il le faut ; mais vaincre.

Vive la République !

Les membres du gouvernement:
Jules FAVRE, Jules FERRY, Jules SIMON, Emmanuel ARAGO, Ernest PICARD, GARNIER-PAGÈS, Eugène PELLETAN.

Les ministres :
Général LE FLO, DORIAN, MAGNIN.

Les secrétaires du gouvernement:
HÉROLD, LAVERTUJON, DURIER, DRÉO.

Voici la partie la plus intéressante des rapports de ces deux journées :

Mont-Valérien, 19 janvier 1871, 10 h. 10, matin.

Concentration très difficile et laborieuse pendant une nuit obscure. Retard de deux heures de la colonne de droite. Sa tête arrive en ligne en ce moment. Maisons Béarn, Armengaud et Pozzo di Borgo, occupées immédiatement. Long et vif combat autour de la redoute de Montretout. Nous en sommes maîtres.

La colonne Bellemare a occupé la maison du curé et pénétré par la brèche dans le parc de Buzenval. Elle tient le point 112, le plateau 155, le château et les hauteurs de Buzenval. Elle va attaquer la maison Craon. La colonne de droite (général Ducrot) soutient, vers les hauteurs de la Jonchère, un fier combat de mousqueterie. Tout va bien pour le moment.

Mont-Valérien, 19 janvier 1871, 10 h. 39.

Montretout occupé par nous à dix heures. L'artillerie reçoit l'ordre d'occuper le plateau à côté, et de tirer sur Garches. Bellemare, entré dans Buzenval, attaque maintenant vers la Bergerie; fusillade très vive; brouillard intense ; observations très difficiles. Je n'ai pas encore entendu un coup de canon prussien.

Mont-Valérien, 10 h. 50.

Un épais brouillard me dérobe absolument les phases de la bataille. Les officiers, porteurs d'ordres, ont de la peine à trouver les troupes. C'est très regrettable, et il me devient difficile de centraliser l'action comme je l'avais fait jusqu'ici. Nous combattons dans la nuit.

Amiral, commandant 6ᵉ secteur, à général Le Flô.

A la tombée de la nuit, nos troupes, en tête du 6ᵉ secteur, occupent Montretout avec de l'artillerie, les hauteurs au-dessus de Garches et une partie à droite dans Saint-Cloud.

De fortes réserves sont au repos depuis midi sur les contre-forts de Garches et de la Fouilleuse, vers la Seine. Les ordres du gouverneur, qui était au Mont-Valérien avec le général Vinoy, pour le tir de nos bastions, sont de tirer énergiquement sur le parc de Saint-Cloud et la vallée de Sèvres, au-dessus de laquelle s'élève une fumée continue depuis deux heures.

6 heures du soir.

La bataille engagée en avant du Mont-Valérien dure depuis ce matin. L'action s'étend depuis Montretout, à gauche, jusqu'au ravin de la Celle-Saint-Cloud, à droite.

Trois corps d'armée, formant plus de cent mille hommes et pourvus d'une puissante artillerie, sont aux prises avec l'ennemi. Le général Vinoy, à gauche, tient Montretout et se bat à Garches ; le général de Bellemare et le général Ducrot ont attaqué le plateau de la Bergerie et se battent depuis plusieurs heures au château de Buzenval. Les troupes ont déployé la plus brillante bravoure, et la garde nationale mobilisée a montré autant de solidité que de patriotique ardeur.

Le gouverneur, commandant en chef, n'a pu faire connaître encore les résultats définitifs de la journée. Aussitôt que le gouvernement les aura reçus, il les communiquera à la population de Paris.

Le ministre de l'intérieur par intérim,
Jules FAVRE.

heures 50 du soir.

Notre journée, heureusement commencée, n'a pas eu l'issue que nous pouvions espérer.

L'ennemi, que nous avions surpris le matin, par la soudaineté de l'entreprise, a, vers la fin du jour, fait converger sur nous des masses d'artillerie énormes avec ses réserves d'infanterie.

Vers trois heures, la gauche, très vivement attaquée, a fléchi. J'ai dû, après avoir partout ordonné de tenir ferme, me porter à sa gauche ; et, à l'entrée de la nuit, un retour offensif des nôtres n'a pu se prononcer. Mais la nuit venue, et le feu de l'ennemi continuant avec une violence extrême, nos colonnes ont dû se retirer des hauteurs qu'elles avaient gravies le matin.

Général TROCHU.

Gouverneur à général Schmitz, au Louvre.

Mont-Valérien, 20 janvier 1871, 9 h. 38 du matin.

Le brouillard est épais. L'ennemi n'attaque pas. J'ai reporté en arrière la plupart des masses qui pouvaient être canonnées des hauteurs, quelques-unes dans leurs anciens cantonnements.

Il faut, à présent, parlementer d'URGENCE, à Sèvres, pour un armistice de DEUX JOURS, qui permettra l'enlèvement des blessés et l'enterrement des morts. IL FAUDRA POUR CELA DU TEMPS, DES EFFORTS, DES VOITURES TRÈS SOLIDEMENT ATTELÉES ET BEAUCOUP DE BRANCARDIERS. Ne perdez pas de temps pour agir dans ce sens.

On lit à ce sujet dans le *Mémorial du premier siège :*

« L'impression causée par l'ensemble de ces rapports, par le dernier surtout, est déplorable.

» Le vulgaire est irrité de voir la science militaire des chefs paraître s'incliner devant des accidents dont la prévision devait être le lot de l'état-major général.

» Pourquoi sembler surpris d'une concentration

difficile? N'est-elle pas réglée par vous à l'avance?

» Si le brouillard est épais pour vous, il l'est également pour l'ennemi. Il gêne ses généraux comme il vous gêne.

» Et si l'ennemi vous surprend par son artillerie énorme et par des réserves d'infanterie, ne pouvez-vous opposer canon à canon, réserve à réserve?

» Quant aux voitures d'enterrement, aux chevaux solides, aux brancardiers, appartient-il bien à un général en chef de livrer tout cela à une éclatante publicité, et dans un moment où chacun a besoin d'une vigoureuse impulsion, de descendre à ces petits détails de pompes funèbres, bons pour un sous-intendant?

» Les phrases par trop humbles de : *c'est très regrettable..., il me devient difficile* choquent douloureusement les oreilles pleines encore des : *souffrir et mourir, mais vaincre...* de la veille.

» En somme, la partie intelligente et décidée de la population croit qu'on se moque d'elle, et se renferme dès lors dans une neutralité dont elle ne sortira point, même aux premiers troubles de la Commune. »

Voici le chiffre des pertes d'après l'état-major général et ce pour la garde nationale :

Tués, 283 ; blessés, 1,182 ; disparus, 165. Total : 1,630.

Les Allemands écrivent de Versailles le 24 janvier, que leurs pertes sont évaluées à 89 officiers et 616 hommes.

Le *Standard* du 26 janvier s'exprime ainsi sur cette affaire :

« Nous ferons remarquer que le résultat de la

sortie du 19 courant a établi complètement l'incapacité du général Trochu comme commandant en chef. Il est vraiment incroyable qu'ayant quatre mois et demi pour organiser son armée, qu'avec une armée s'élevant à plus d'un demi-million d'hommes, dont plus de 200,000 pouvaient être considérés comme capables de faire le service en pleine campagne, une aussi pauvre tentative ait été faite pour briser un cordon de 200,000 Allemands répandus sur une circonférence divisée surtout en trois sections par la Seine et la Marne.

» Plus tard, le général Trochu déclarait que la bataille de Buzenval avait été livrée malgré lui, et qu'il voulait marcher sur Châtillon. Mais, quand on est seul responsable, doit-on céder, comme il déclare l'avoir fait, à la majorité de n'importe quel conseil? »

C'est à la bataille de Buzenval que notre grand peintre Regnault a été tué.

Croyez-vous maintenant que la Commune n'était pas faite, et que la vengeance ne sortirait pas de cette population si frémissante d'indignation, et si sublime dans le malheur?

Non-seulement ce sentiment était dans la classe ouvrière, mais aussi dans la classe intelligente.

Il ne faut pas se le dissimuler, car c'est la vérité, c'est seulement dans ces classes que la soif de la justice se fait sentir, attendu que l'abnégation de la vie y subsiste tout entière, ainsi que celle du patriotisme.

Il fallait entendre ce que nous disions et ce que tout le monde disait de ces généraux, qui non-seulement étaient des parjures, mais aussi des criminels :

Vengeance !

A bas Trochu ! Ducrot ! Vinoy !

A bas le gouvernement !

A bas les traîtres !

Cette dernière sortie a été faite pour donner une satisfaction à la population pour arriver à la capitulation. Mais elle a été si mal conduite, si mal comprise, si mal organisée, que les ficelles se voyaient comme au théâtre des marionnettes.

Eh bien, jugez maintenant, et vous vous demanderez si réellement le peuple de Paris n'a pas eu une patience impossible à décrire, de supporter toutes ces infamies, et de n'avoir pas fait justice à l'instant même de ces hommes à jamais néfastes !

Ah ! il est probable que ceux qui n'étaient pas là ne pourront jamais se faire une idée de ce qui agitait notre âme ; car il se déroulait dans notre cerveau les événements qui s'étaient accomplis depuis le 2 décembre 1851 jusqu'au 21 janvier 1871. La honte nous montait au front, la vengeance était dans nos cœurs et nos consciences nous répétaient sans cesse et toujours :

Il faut que justice soit faite !

Le coupe est pleine, et elle débordera sans pouvoir y porter remède.

Le général Clément Thomas adresse un ordre ainsi conçu :

C'est avec fierté que le commandant supérieur de la garde nationale rend hommage au courage dont ont fait preuve les régiments de Paris engagés dans la bataille du 19 janvier. Il a eu la satisfaction de l'entendre louer, sur le terrain même, par les divers chefs de l'armée sous les ordres desquels ces régiments ont combattu.

A partir du 19 janvier, les boulangers ne distribueront du pain qu'aux porteurs d'une carte d'alimentation de boucherie ou de boulangerie, et dans la mesure indiquée par l'article suivant :

« La ration de pain est fixée à 300 grammes pour les adultes et 150 grammes pour les enfants au-dessous de cinq ans. »

20 janvier. — La canonnade continue sur Paris. Neuf victimes sont signalées du 19 au 20.

21 janvier. — Le bombardement a commencé sur les forts et la ville de Saint-Denis, ainsi que sur Nogent.

Dans Paris, 14 victimes, du 20 au 21 janvier.

Les membres du gouvernement se sont réunis, à midi, au ministère de l'intérieur, sous la présidence de Jules Favre, pour prendre les décisions qu'impose la gravité des circonstances.

Tous les maires de Paris ont été réunis en même temps que le conseil du gouvernement. Ils ont demandé la démission du général Trochu, qui a refusé. Il veut qu'on le destitue après qu'il aura rendu compte de la bataille d'avant-hier, dont il désapprouvait, dit-il, le plan.

Après cette réunion, l'adjonction de certains noms au commandement de l'armée avait été décidée en principe.

Dans la soirée, quelques groupes s'étaient formés à Belleville, à Ménilmontant, à la Villette ; les discussions étaient vives, plusieurs orateurs excitaient à la révolte.

Vers dix heures du soir, les abords de l'Hôtel

de Ville sont encombrés par plusieurs centaines de citoyens, réclamant à grands cris la démission du général Trochu et la nomination d'un chef, partisan d'une action énergique.

Le 22 janvier, le bombardement de Paris a continué cette nuit avec une extrême vigueur; il a surtout paru dirigé contre le quartier de Montrouge. Les bastions et les forts n'ont que faiblement répondu.

Le matin, à partir de six heures, les forts de Montrouge et de Vanves ouvrent leurs feux sur les positions prussiennes.

On compte 7 victimes.

Jules Favre demande à Bismarck un sauf-conduit pour se rendre à la conférence de Londres; mais ce dernier refuse.

Le bombardement dans Paris donne 14 victimes.

La nuit dernière, quelques citoyens sont allés à Mazas et ont délivré plusieurs détenus politiques, parmi lesquels Flourens.

Dans la journée, 200 gardes nationaux en armes avaient promené dans divers quartiers une pancarte de plus d'un mètre carré, sur laquelle on lisait : « Déchéance du gouvernement. — Elections immédiates. » Quatre tambours précédaient l'escorte en battant le rappel. Vers une heure de l'après-midi, le parc de l'artillerie de la garde nationale a été fermé.

A trois heures, un grand nombre d'artilleurs, 400 environs, vinrent demander à faire sortir les canons, et durent céder devant l'opposition énergique du colonel.

A cinq heures, le parc était occupé militairement. Près de 1,500 personnes, voulant forcer les grilles du clos Notre-Dame, furent repoussées et la foule s'écoula.

La place de l'Hôtel-de-Ville se garnissait de groupes nombreux et animés.

Deux députations avaient été successivement introduites auprès des membres de la municipalité; le colonel Fabre, commandant militaire, les reconduisait jusqu'à la grille extérieure, lorsque cent cinquante gardes nationaux appartenant au 101e bataillon de marche, avec officiers et tambours, débouchèrent sur la place.

Tout à coup les gardes nationaux, qui s'étaient mis par petits groupes, mirent le genou à terre, firent feu sur la mairie. Les gardes mobiles qui étaient à l'Hôtel de Ville firent feu à leur tour.

Au bout de quelques minutes, l'arrivée des gardes républicains mettait en fuite les gardes nationaux. Ce combat n'avait pas duré plus de vingt minutes. Il y eut 5 morts et 18 blessés.

Le gouvernement publie la proclamation suivante:

Citoyens,

Un crime odieux vient d'être commis contre la patrie et contre la République. Il est l'œuvre d'un petit nombre d'hommes qui servent la cause de l'étranger. Pendant que l'ennemi nous bombarde, ils ont fait couler le sang de la garde nationale et de l'armée sur lesquelles ils ont tiré. Que ce sang retombe sur ceux qui le répandent pour satisfaire leurs criminelles passions!

Le gouvernement a le devoir de maintenir l'ordre, l'une de nos principales forces en face de la Prusse. C'est la cité tout entière qui réclame la répression sévère de cet attentat audacieux et la ferme exécution des lois.

Le gouvernement ne faillira pas à son devoir.

Les clubs sont fermés jusqu'à la fin du siège.

Clément Thomas adresse aussi une proclamation à la garde nationale, en disant qu'il compte sur son patriotisme pour réprimer cette coupable sédition.

Comme Trochu avait dit qu'il ne capitulerait jamais, le général Vinoy sera chargé de cette mission, d'après le document ci-après :

Le commandement en chef de l'armée de Paris sera désormais séparé de la présidence du gouvernement.

M. le général de division Vinoy est nommé commandant en chef de l'armée de Paris.

Le titre et les fonctions de gouverneur de Paris sont supprimés. M. le général Trochu conserve la présidence du gouvernement.

Voici l'ordre du jour du nouveau général à l'armée de Paris :

Le gouvernement de la Défense nationale vient de me placer à votre tête ; il fait appel à mon patriotisme et à mon dévouement : je n'ai pas le droit de me soustraire.

C'est une charge bien lourde ; je n'en veux accepter que le péril, et il ne faut pas se faire d'illusions.

Après un siège de plus de quatre mois, glorieusement soutenu par l'armée et la garde nationale, virilement supporté par la population de Paris, nous voici arrivés au moment critique.

Refuser le dangereux honneur du commandement dans une semblable circonstance serait ne pas répondre à la confiance qu'on a mise en moi. Je suis soldat et ne sais pas reculer devant les dangers que peut entraîner une grande responsabilité.

A l'intérieur, le parti du désordre s'agite, et cependant le canon gronde. Je veux être soldat jusqu'au bout ; j'accepte ce danger, convaincu que le concours des citoyens, celui de l'armée et de la garde nationale ne me feront pas défaut, pour le maintien de l'ordre et le salut commun.

Général Vinoy

Vingt gardes nationaux ont été arrêtés par suite de l'affaire de l'Hôtel de Ville.

Le 23 janvier, le bombardement continue contre les forts et dans Paris. Il y a 22 morts et 25 blessés.

C'est aujourd'hui que Jules Fravre a sa première entrevue pour la conclusion d'un armistice. Elle demeure secrète.

Le 24 janvier, le bombardement reprend toute sa vigueur contre Paris et contre les forts. Il y a 28 tués ou blessés.

Une correspondance allemande de Versailles contient les informations suivantes :

« Hier, à onze heures du matin, le chancelier de l'empire a fait une visite d'une demi-heure à M. Jules Favre. Il y a eu ensuite chez l'empereur un conseil de guerre, auquel assistaient le prince royal, les généraux de Moltke, de Boyen, de Roox et le comte de Bismarck.

» A deux heures, eut lieu chez le comte de Bismarck une conférence entre lui et M. Jules Favre.

» A quatres heures et demie, ce dernier retourna à Paris par le pont de Sèvres, avec son beau-fils. »

Le bulletin de la bourse d'aujourd'hui, est que le 3 0/0 a ouvert à 50.50 et a fermé à 54.60

La morgue, pendant ces quatre mois de misère et de douleurs morales et physiques, terminés par de si grands désastres, n'a eu à enregistrer sur ses livres funèbres que quatre ou cinq cas de suicide.

Il a été placardé sous les arcades de la rue de Rivoli une petite affiche écrite à la main disant :

« Je, soussigné, déclare pouvoir, au péril de ma vie, faire une large trouée en quatre jours, débloquer Paris en dix jours et délivrer la France en deux mois. — BARET. »

Un journal du matin, en reproduisant cette affiche, fait cette réflexion :

« Vous allez dire que c'est un fou; mais, ma foi, quand on voit ce qu'ont fait les sages! »

Le 25 décembre, nouveau retour de Jules Favre à Versailles et continuation des négociations avec le comte de Bismarck.

Le tir de l'ennemi continue contre les forts et contre Paris. Vingt-deux victimes sont signalées.

Plusieurs officiers de la marine, de la mobile et de la garde nationale, écrivent une lettre au journal *la Liberté* :

« Le bruit faux ou fondé se répand que, sous la menace de la famine, la capitulation serait imminente.

» S'il peut appartenir au gouvernement de décider entre une question d'humanité et celle de l'honneur national, l'armée a le droit de sauvegarder son honneur militaire.

» Les officiers de l'armée de Paris demandent avec instance qu'avant qu'aucun armistice intervienne, l'armée épuise dans un suprême effort toutes ses munitions, et que le gouvernement prenne ensuite les mesures les plus énergiques pour détruire tout le matériel de guerre et faire sauter tous les forts.

» Ils croient que l'honneur militaire ne sera

sauf qu'autant qu'aucun bastion des défenses extérieures, ni un canon, ni un fusil, ne sera livré intact à l'ennemi.

» Ils déclarent formellement que si les mesures nécessaires ne sont pas prises, ils feront personnellement tout ce qui sera en leur pouvoir pour arriver à ce résultat et empêcher ainsi qu'un immense matériel de guerre ne soit tourné contre leurs frères de province. »

On parle qu'un nouveau parlementaire s'est présenté dans la même journée, à 4 heures, au pont de Sèvres, on ignore le motif qui l'amène.

Le 26 janvier, le tir de l'ennemi s'est sensiblement ralenti cette nuit sur les fronts sud et de l'enceinte des forts; mais il a continué sur les forts du nord. 3 tués et 21 blessés.

Voici le texte de l'ordre qui règle ce soir la suspension des hostilités :

Par ordre du général Vinoy, suspension d'armes à minuit. Cesser le feu sur toute la ligne. Exécuter rigoureusement cet ordre.

L'artillerie allemande, qui a reçu le même ordre, s'en est dédommagée en tirant à toute volée sur une population inoffensive pendant la première partie de la nuit.

Treize victimes ont signalé cet adieu de l'ennemi.

A partir d'aujourd'hui, les laisser-passer nécessaires pour sortir de l'enceinte seront délivrés par les généraux ou amiraux commandant les secteurs dont dépendent les différentes portes.

Aujourd'hui, 26 janvier 1871, à onze heures, après délibération unanime de tous les officiers des dix compagnies du bataillon :

« Le commandant du 148e, accompagné de tous

les capitaines de ce bataillon, est allé faire part au général Clément Thomas de la résolution inébranlable du 148ᵉ de n'accepter aucune capitulation, de combattre jusqu'au dernier homme et de brûler Paris plutôt que de le rendre aux Prussiens. »

« Le général Clément Thomas et son chef d'état-major Montagut ont essayé de prouver à l'état-major du 148ᵉ, que cette décision était une héroïque et admirable folie; mais qu'il n'y avait pas à s'y arrêter, attendu que des négociations étaient entamées. »

« Le commandant du 148ᵉ et ses officiers, avant de se retirer, ont déclaré au général, que toute la conversation qui venait d'avoir lieu n'avait en rien ébranlé leur résolution. »

Il est alloué, à titre de secours, aux veuves des gardes nationaux tués à l'ennemi, une somme de cent francs.

Le froid persiste. Le thermomètre marquait aujourd'hui, à 6 heures du matin, 7 degrés au-dessous de zéro.

Le 27 janvier, le *Journal officiel* publie la note suivante :

« Tant que le gouvernement a pu compter sur l'arrivée d'une armée de secours, il était de son devoir de ne rien négliger pour prolonger la défense de Paris.

» En ce moment, quoique nos armées soient encore debout, les chances de la guerre les ont refoulées, l'une sous les murs de Lille, l'autre au-delà de Laval; la troisième opère sur les frontières de l'Est. Nous avons dès lors perdu tout espoir qu'elles puissent se rapprocher de nous, et l'état de nos subsistances ne nous permet plus d'attendre.

» Dans cette situation, le gouvernement avait le devoir absolu de négocier. Les négociations ont lieu en ce moment. Tout le monde comprendra que nous ne pouvons en indiquer les détails sans de graves inconvénients. Nous espérons pouvoir les publier demain. Nous pouvons cependant dire dès aujourd'hui, que le principe de la souveraineté nationale sera sauvegardé par la réunion immédiate d'une Assemblée ; que, pendant cet armistice, l'armée allemande occupera les forts, mais n'entrera pas dans l'enceinte de Paris ; que nous conserverons notre garde nationale intacte et une division de l'armée ; et qu'aucun de nos soldats ne sera emmené hors du territoire. »

Le 28 janvier 1871, le protocole qui doit régler les conditions relatives à l'exécution de la convention d'armistice a été signé ce soir et rapporté dans la nuit à Paris, entre MM. de Bismarck et de Moltke d'une part, et MM. Jules Favre et le général de Valdan d'autre part.

La proclamation suivante prépare la population à l'acte accompli :

Citoyens,

La convention qui met fin à la résistance de Paris n'est pas encore signée, mais ce n'est qu'un retard de quelques heures.

Les bases en demeurent fixées telles que nous les avons annoncées hier.

Nous publierons les articles de la convention aussitôt que les signatures auront été échangées, et nous ferons connaître l'état exact de nos subsistances.

Paris peut être sûr que la résistance a duré jusqu'aux dernières limites du possible. Les chiffres que nous donnerons en seront la preuve irréfragable, et nous mettrons qui que ce soit au défi de les contester.

Nous montrerons qu'il nous reste tout juste assez de pain pour attendre le ravitaillement, et que nous ne pouvons prolonger la lutte sans condamner à une mort certaine deux millions d'hommes, de femmes et d'enfants.

Le siège de Paris a duré quatre mois et douze jours ; le bombardement un mois entier.

Depuis le 15 janvier, la ration de pain est réduite à 300 grammes ; la ration de viande de cheval, depuis le 15 décembre, n'est que de 30 grammes. La mortalité a plus que triplé. Au milieu de tant de désastres, il n'y a pas eu un seul découragement.

L'ennemi est le premier à rendre hommage à l'énergie morale et au courage dont la population parisienne tout entière vient de donner l'exemple. Paris a beaucoup souffert ; mais la République profitera de ses longues souffrances, si noblement supportées. Nous sortons de la lutte qui finit, retrempés pour la lutte à venir. Nous en sortons avec tout notre honneur, avec toutes nos espérances, malgré les douleurs de l'heure présente ; plus que jamais, nous avons foi dans les destinées de la patrie.

Paris, 28 janvier 1871.

Général TROCHU, Jules FAVRE, Emmanuel ARAGO, Jules FERRY, GARNIER-PAGÈS, Eugène PELLETAN, Ernest PICARD, Jules SIMON, LE FLÔ, DORIAN et MAGNIN.

On se demande pourquoi le pain bis et le rationnement n'ont pas commencé plus tôt. Etant donnée notre situation désespérée, on critique aussi avec raison les fanfaronnades du dernier alinéa.

Au moment même où le gouvernement se déclare contraint de capituler par la famine, les marchands de comestibles cherchent, dans une publicité immédiate, les moyens d'écouler leurs réserves, menacés par un ravitaillement prochain.

La nuit dernière, des officiers de la garde nationale ont tenté de réunir leurs troupes et d'organiser une résistance nouvelle. Le général Clément Thomas rappelle à la garde nationale que de son attitude, du calme et de la dignité avec lesquels sera supportée la douleur qui nous atteint, dépendent aujourd'hui l'ordre dans Paris, dont elle va être la garnison, et le ravitaillement de cette grande ville, dont l'éternel honneur sera d'avoir prolongé la lutte au milieu des plus cruelles privations et jusqu'au complet épuisement de ses ressources.

Le 29 janvier, le gouvernement communique le texte de la convention signée la veille à huit heures du soir; il est précédé des considérations suivantes :

C'est le cœur brisé de douleur que nous déposons les armes. Ni les souffrances ni la mort dans le combat n'auraient pu contraindre Paris à ce cruel sacrifice. Il ne cède qu'à la faim. Il s'arrête quand il n'a plus de pain. Dans cette cruelle situation, le gouvernement a fait tous ses efforts pour adoucir l'amertume d'un sacrifice imposé par la nécessité. Depuis lundi soir il négocie; ce soir, a été signé un traité qui garantit à la garde nationale tout entière son organisation et ses armes; l'armée, déclarée prisonnière de guerre, ne quittera point Paris. Les officiers garderont leur épée. Une Assemblée nationale est convoquée. La France est malheureuse, mais elle n'est pas abattue. Elle a fait son devoir; elle reste maîtresse d'elle-même.

Je vis une chose qui restera toute ma vie dans

ma mémoire, et qui remplit encore en ce moment mon âme d'une douleur immense.

Aussitôt les forts livrés à l'ennemi, on vit descendre de ces forteresses de Paris ces héros obscurs : les marins! portant chacun sous son bras son petit paquet de haillons, tristes, abattus, pleurant comme des enfants.

Oh! oui, leur douleur était grande de quitter leur poste après l'avoir défendu comme des lions, sans avoir pu se mesurer face à face avec les Prussiens.

La capitulation seule leur avait arraché des mains ce qu'ils appelaient leur seconde mère : la patrie !

Ils ont bien mérité de la France; qu'ils reçoivent ici l'hommage éclatant de la patrie entière!

Merci à ces braves!!!

Pour terminer le siège de Paris, nous avons vu une autre reddition, celle de Metz.

Metz, la forteresse vierge jusqu'alors; Metz commandée par un maréchal de France; Metz, où nous avions nos arsenaux; Metz, où se trouvait notre suprême ressource, la plus disciplinée et la plus malheureuse qui fut jamais; cette armée capable de tous les héroïsmes, de tous les prodiges; cette armée à qui nous devons adresser, nos pas des reproches, mais des remerciements pour les souffrances imméritées qu'elle a subies; cette armée qui pouvait élever, en quelques jours, nos recrues à sa hauteur et qui portait dans les plis de ses étendards le salut du pays; Metz, avec ses incalculables ressources, était livrée à l'ennemi; son armée, aussi prisonnière, était emmenée en

Allemagne et ses drapeaux servaient d'ornement au triomphe du vainqueur.

Bazaine soit maudit!

Oh! sainte Patrie! maintenant flétrie! couvre-toi d'un voile et laisse pleurer à tes pieds tes enfants, dont la honte monte au front!

Pardonne à ceux qui ont voulu te défendre, mais ne pardonne pas à ceux qui t'ont livrée et trahie, et à ces lâches qui sont allés à l'étranger pour ne pas te défendre.

Quoi! il était écrit qu'après avoir supporté toutes les souffrances qu'un peuple peut supporter, il fallait succomber? Tu nous a punis d'avoir laissé vivre pendant vingt ans ce gouvernement criminel.

Mais nous osons espérer que la France arrivera par la paix à la sainte liberté, aux Etats-Unis d'Europe; ce sera là notre seule consolation.

Maintenant, laissez-moi, avant de fermer cette douloureuse histoire, afin de ne pas attrister davantage ce tableau, vous donner une autre figure qui, au moins, réveille en elle-même un doux souvenir, une auréole de gloire : Denfert-Rochereau!

Honneur à lui!

Si nous avons conservé Belfort, notre dernier rempart, nous le devons à ce brave Denfert.

A Belfort comme à Valmy, c'étaient les conscrits de la République qui défendaient les marches de la patrie. Sous la direction de Denfert, Belfort, sans artillerie de campagne, Belfort gardé par des mobiles, subissait un siège de cent jours, et ne se rendait qu'à la France; ses défenseurs refusaient par une suprême et légitime fierté les honneurs de la guerre, et sortirent sur les ordres de leur gouvernement, comme pour un changement de garnison.

A la sommation de capituler, Denfert avait répondu :

Nous connaissons toute l'étendue de nos devoirs envers la France et envers la République, et nous sommes décidés à les remplir.

L'assiégé avait tenu sa fière parole.

Aussi lui a-t-on érigé, le 21 septembre 1879, par souscription publique, à Montbéliard, une statue pour perpétuer ce grand souvenir.

Souvenez-vous, enfants de la patrie, que Denfert était un républicain, et que sa mémoire reste toujours dans vos cœurs, car il a bien mérité de notre chère France et de la République !

Honneur à ce grand patriote !

LA COMMUNE

~~~~~~~~~~

Mon cœur se brise en prenant la plume pour retracer les événements de la Commune.

Il était écrit qu'après nos désastres d'autres ne devaient pas nous être épargnés. La coupe était pleine, elle devait déborder.

Les membres du gouvernement de la Défense nationale convoquèrent les électeurs pour le 8 février 1871, à l'effet de nommer l'Assemblée nationale, laquelle devait traiter de la question de paix ou la continuation de la guerre; son siège fut fixé à Bordeaux.

Malheureusement, les élections se firent pendant que la France était aux trois quarts envahie par les Prussiens.

Les anciens monarchistes se déguisèrent, dans leurs professions de foi, en républicains et demandèrent de les nommer pour voter la paix.

Les électeurs n'ayant pas le temps de se consulter, de faire des réunions publiques ou privées, étant sous la pression étrangère, nommèrent des députés en majeure partie monarchistes.

L'Assemblée nationale se réunit le 14 février 1871, à Bordeaux, et nomma Thiers chef du pouvoir exécutif.

Voici la composition de son cabinet :

Dufaure, à la justice ;
Jules Favre, aux affaires étrangères ;
Ernest Picard, à l'intérieur.
Jules Simon, à l'instruction publique ;
de Larcy, aux travaux publics ;
Lambrech, au commerce ;
Le général Le Flô, à la guerre ;
L'amiral Pothuau, à la marine,
et Pouyer-Quertier, aux finances.

Le 16 février, Grévy (Jules) est nommé président de la Chambre.

Sont nommés vice-présidents :

Martel, Benoist-d'Azy, de Malleville et Vitet.

Garibaldi fut nommé député à Paris, pour le récompenser des services qu'il avait rendus à la France, en se mettant à la tête de l'armée qui s'était formée dans les Vosges. Cette armée, très peu nombreuse, rendit de grands services et battit les Prussiens dans plusieurs combats. Comme Garibaldi n'était pas Français, il avait pris l'engagement qu'aussitôt que la question de paix serait tranchée, si, bien entendu, elle était votée, il donnerait sa démission.

A la première séance qui eut lieu, Victor Hugo monta à la tribune pour vouloir rendre hommage et remercier Garibaldi des services qu'il avait su rendre à la France. On ne répondit à ses paroles que par l'ingratitude ; ce ne fut qu'une explosion d'injures à l'adresse de Victor Hugo et de Garibaldi. Ce dernier, devant ce manque de courtoisie, résigna ses fonctions et quitta cette Assemblée.

Après le vote sur les préliminaires de paix, Victor Hugo donna avec raison sa démission, car un membre de la droite lui avait dit qu'il ne savait pas parler français ; mais d'autres membres de l'extrême gauche donnèrent aussi leur démission. Ce fut une grande faute de commise par ces derniers, attendu que c'était mettre de l'huile sur le feu pour éteindre le commencement d'un incendie. Paris fut consterné en recevant ces nouvelles, et se demandait ce que tout cela pouvait signifier.

Les préliminaires de paix furent adoptés, malgré les protestations des députés de l'Alsace et de la Lorraine et d'une grande partie des républicains.

Ces préliminaires sont :

Cinq milliards d'indemnité de guerre ;
L'Alsace et la Lorraine ;

Deux cent millions pour la ville de Paris, une partie des armes et canons.

Plus, il était dit que l'armée allemande ferait son entrée à Paris le 1er mars, par l'Arc-de-Triomphe, jusqu'aux Tuileries.

Pour assurer le paiement de cette rançon, l'armée allemande occuperait, jusqu'à parfait payement, une partie de notre territoire.

Cette nouvelle fut colportée à Paris et nécessairement exploitée par ceux qui désiraient quand même la Commune.

Les chefs des bataillons de la garde nationale

se réunirent, nommèrent un comité central et décidèrent :

1° Que la garde nationale enlèverait les canons pour ne pas les livrer aux Prussiens,

Et 2° qu'elle ferait un cordon sanitaire pour que ces derniers ne pussent franchir la ligne que les conventions avaient établie.

En effet, les gardes nationaux enlevèrent les canons et les transportèrent sur les buttes Montmartre, où une garde fut établie.

Le 1er mars, jour de deuil et de douleur arriva. Tout Paris ferma ses magasins, portes et fenêtres; personne dans les rues, pas une âme, sauf les gardes nationaux qui allèrent monter la garde autour des Prussiens.

Mon magasin ferma ses portes pendant trois jours.

Ma caisse porte à la date des 1, 2 et 3 mars cette mention :

« Caisse fermée pour cause de deuil et de douleur. — Entrée des Prussiens à Paris, 1er mars 1871. »

Je sais que presque tout Paris se renferma dans ses appartements, et que moi-même je rentrai chez moi et ne sortis que lorsque j'eus la conviction que les Prussiens étaient partis et ne souillaient plus de leur présence cette noble cité.

Le 10 mars, l'Assemblée nationale, à Bordeaux, vota la translation de son Assemblée à Versailles. Nouvelle faute, car, en décapitant Paris du titre de capitale, c'était donner un argument de plus à la nouvelle révolution qui se préparait.

Le 14 mars, le gouvernement suspend cinq journaux radicaux de Paris.

Autre défi jeté à la garde nationale.

D'un autre côté, le gouvernement voulait désarmer la garde nationale; mais comment faire ? La question était très difficile, car la garde nationale n'avait pas confiance en l'Assemblée nationale, attendu que la majorité était antirépublicaine, et croyait, à tort ou à raison, qu'elle nourrissait le projet de renverser la République.

Tout le monde s'abordait à Paris en disant : « Un coup d'Etat se prépare! » Ce qui donnait de la vraisemblance à cette opinion, c'est que le 16 mars au matin, on vit camper de la troupe au Trocadéro. Ce fut le coup de grâce.

Le 17 mars, je me levai comme d'habitude et sortis à sept heures et demie pour aller aux magasins.

Lorsque j'eus quitté la rue des Dames et que je me trouvai dans l'avenue de Clichy qui donne en face la statue Moncey, quel ne fut pas mon étonnement de voir, au commencement de cette avenue, deux pièces de campagne, avec ses artilleurs et de la troupe. Je m'avançai et demandai ce que c'était? On me répondit:

« Nous croyons que le gouvernement est fou. »

Ne voulant pas rester là, j'allai droit du côté des factionnaires pour passer; l'un d'eux me dit:

— « On ne passe pas!

— « Comment, lui dis-je, vous voulez m'empêcher de passer ?

— Oui, car j'ai la consigne.

— Il n'y a pas de consigne qui tienne, je passerai, car je vais à mon travail. »

En même temps je passai. La sentinelle ne vint pas après moi.

Je me rendis à la maison en racontant ce qui se passait de ce côté-là. On me répondit que cela n'était pas étonnant, attendu que le jour était venu où le gouvernement voulait prendre, par la force, les canons qui étaient sur les buttes Montmartre. Ce jour-là, je compris que nous allions avoir du nouveau.

En effet, vers les deux heures de l'après-midi, des personnes apportèrent la nouvelle que les canons étaient pris. Un de mes patrons vint me l'annoncer. Il n'y avait plus de doute; seulement je lui dis : « Cette affaire n'est pas terminée, attendons la fin. »

Une heure ne s'était pas encore écoulée, que nous apprîmes que le train des équipages chargé d'emmener les canons n'avait pu les descendre faute d'attelages suffisants, et que les courroies étaient trop courtes. (Ceci rappelle le général Ducrot.) Voulez-vous m'expliquer cela? Répondez si vous le pouvez.

Aussitôt que la garde nationale sut ce qui se passait, elle fit battre le rappel par ses tambours et clairons dans tous les quartiers de Paris; une grande partie de la garde nationale se réunit et délibéra sur la situation. La résolution prise fut que l'on s'opposerait, même par la force, à laisser prendre les pièces de canon.

Il arriva ce qui doit toujours arriver en pareille circonstance, que le général en chef Lecomte avait reçu des ordres très formels à cet égard. La troupe qui était dans les rues qui avoisinaient les buttes Montmartre fut entourée par la population de ces quartiers, hommes, femmes et enfants, et, de plus, par la garde nationale. Le commandant en chef voulant faire disperser cette foule, donna l'ordre à ses soldats de charger. Mais les soldats n'obéirent pas à ce premier commandement. C'est alors que, croyant à une erreur, il se rapprocha et donna l'ordre à l'armée de se mettre en bataille. Les soldats obéirent. Il crut qu'il pouvait se fier à eux et commanda aussitôt : Feu ! Les soldats ne tirèrent pas. Feu ! rien encore. Feu ! pour la troisième fois ! Les soldats levèrent la crosse en l'air ! Aussitôt, la population et les gardes nationaux les entourèrent en demandant l'arrestation du général. Le général fut arrêté immédiatement par ses propres soldats.

Il y eut encore une seconde arrestation, celle de Clément Thomas, ancien commandant en chef de la garde nationale de Paris. Ce fut une fatalité, car on ne sait comment il était venu là, en bourgeois, tenant un calepin à la main comme quelqu'un qui tire des plans. Les foules ne raisonnent pas dans ces moments si graves. On prétendit qu'il était aussi coupable que les autres, et son arrestation fut maintenue.

Les prisonniers furent conduits dans une maison de la rue des Rosiers, où une cour martiale se réunit immédiatement et jugea les deux généraux. Ils furent condamnés à être fusillés séance tenante. On les emmena dans la cour de cette maison, et là, la sentence fut exécutée.

Il faut dire ici ce qui contribua le plus à cette condamnation et à cette exécution capitale, ce furent les soldats qui avaient mis la crosse en l'air pour ne pas tirer sur la foule. Il y eut principalement quelques sergents de la ligne qui devinrent surtout les promoteurs de cette condamnation et de cette exécution.

Le gouvernement abandonna dans ce moment terrible Paris pour aller à Versailles, en laissant cette noble cité livrée à elle-même.

L'histoire en tirera les conséquences nécessaires pour attribuer à chacun sa responsabilité.

Afin que le lecteur se puisse former de lui-même un jugement sur ces tristes événements, je vais donner des copies et extraits de divers articles du *Journal officiel* de la Commune, et quelques extraits aussi des séances de la Chambre des députés de Versailles.

Paris, le 19 mars 1871.

Fédération républicaine de la garde nationale
Organe du comité central

« Si le comité central de la garde nationale était un gouvernement, il pourrait, pour la dignité de ses électeurs, dédaigner de se justifier ; mais comme sa première affirmation a été de déclarer « qu'il ne prétendait pas prendre la place de ceux « que le souffle populaire avait renversés », tenant à simple honnêteté de rester exactement dans la limite expresse du mandat qui lui a été confié, il demeure un composé de personnalités qui ont le droit de se défendre.

» Enfant de la République qui écrit sur sa divise le grand mot de : *Fraternité*, il pardonne à ses détracteurs ; il veut persuader les honnêtes gens qui ont accepté la calomnie par ignorance.

» Il n'a pas été occulte ; ses membres ont mis leurs noms à toutes ses affiches. Si ces noms étaient obscurs, ils n'ont pas fui la responsabilité, — et elle est grande.

» Il n'a pas été inconnu, car il était issu de la libre expression des suffrages de deux cent quinze bataillons de la garde nationale.

» Il n'a pas été fauteur de désordres, car la garde

nationale, qui lui a fait l'honneur d'accepter sa direction, n'a commis ni excès, ni représailles, et s'est montrée imposante et forte par la sagesse et la modération de sa conduite.

» Et pourtant, les provocations n'ont pas manqué; et pourtant, le gouvernement n'a cessé, par les moyens les plus honteux, de tenter l'essai du plus épouvantable des crimes : la guerre civile.

» Il a calomnié Paris et a ameuté contre lui la province.

» Il a amené contre nous nos frères de l'armée, qu'il a fait mourir de froid sur nos places, tandis que leurs foyers les attendaient.

» Il a voulu nous imposer un général en chef.

» Il a, par des tentatives nocturnes, tenté de nous désarmer de nos canons, après avoir été empêché par nous de les livrer aux Prussiens.

» Il a enfin, avec le concours de ses complices effarés de Bordeaux, dit à Paris : « Tu viens de te montrer héroïque; or, nous avons peur de toi, donc nous t'arracherons la couronne de capitale. »

» Qu'à fait le comité central pour répondre à ces attaques ? Il a fondé la fédération; il a prêché la modération — disons le mot — la générosité; au moment où l'attaque armée commençait, il disait à tous : « Jamais d'agression, et ne ripostez qu'à la dernière extrémité ! »

» Il a appelé à lui toutes les intelligences, toutes les capacités; il a demandé le concours du corps d'officiers; il a ouvert sa porte chaque fois que l'on y frappait au nom de la République.

» De quel côté étaient donc le droit et la justice ? De quel côté était la mauvaise foi ?

» Cette histoire est trop connue et trop près de nous, pour que chacun ne l'ait pas encore à sa mémoire. Si nous l'écrivons à la veille du jour où nous allons nous retirer, c'est, nous le répétons, pour les honnêtes gens qui ont accepté légèrement des calomnies dignes seulement de ceux qui les avaient lancées.

» Un des plus grands sujets de colère de ces derniers contre nous est l'obscurité de nos noms. Hélas ! bien des noms étaient connus, très connus, et cette notoriété nous a été bien fatale !

» Voulez-vous connaître un des derniers moyens qu'ils ont employés contre nous ? Ils refusent du pain aux troupes qui ont mieux aimé se laisser désarmer que de tirer sur le peuple. Et ils nous appellent assassins, eux qui punissent le refus d'assassinat par la faim !

» D'abord, nous le disons avec indignation : la boue sanglante dont on essaye de flétrir notre honneur est une ignoble infamie. Jamais un arrêt d'exécution n'a été signé par nous ; jamais la garde nationale n'a pris part à l'exécution d'un crime.

» Quel intérêt y aurait-elle ? Quel intérêt y aurions-nous ?

» C'est aussi absurde qu'infâme.

» Au surplus, il est presque honteux de se défendre. Notre conduite montre, en définitive, ce que nous sommes. Avons-nous brigué des traitements ou des honneurs ? Si nous sommes inconnus, ayant pu obtenir, comme nous l'avons fait, la confiance de 215 bataillons, n'est-ce pas parce que nous avons dédaigné de nous faire une propagande ? La notoriété s'obtient à bon marché : quelques phrases creuses ou un peu de lâcheté suffit ; un passé tout récent l'a prouvé.

» Nous, chargés d'un mandat qui faisait peser sur nos têtes une terrible responsabilité, nous l'avons accompli sans hésitation, sans peur, et dès que nous voici arrivés au but, nous disons au peuple qui nous a assez estimés pour écouter nos avis, qui ont souvent froissé son impatience : Voici le mandat que tu nous as confié : « Là où notre intérêt personnel commencerait, notre devoir finit ; fais ta volonté. Mon maître, tu t'es fais libre. Obscurs il y a quelques jours, nous allons rentrer dans tes rangs, et montrer aux gouvernants que l'on peut descendre, la tête haute, les marches de ton Hôtel de Ville, avec la certitude de trouver en bas l'étreinte de ta loyale et robuste main. »

Les membres du comité central :

MM. ARIT, ARNAUD, ASSI, MOREAU, G. DUPONT, VARLIN, BOURSIER, MORTIER, GOUHIER, LAVALETTE, FR. JOURDE, ROUSSEAU, CH. LULLIER, HENRI FORTUNÉ, G. ARNOLD, VIARD, BLANCHET, J. GROLLARD, BARROUD, H. GÉRESME, FABRE, BOUIT.

AU PEUPLE

CITOYENS,

Le peuple de Paris a secoué le joug qu'on essayait de lui imposer.

Calme, impassible dans sa force, il a attendu, sans crainte comme sans provocation, les fous éhontés qui voulaient toucher à la République.

Cette fois, nos frères de l'armée n'ont pas voulu porter la main sur l'arche sainte de nos libertés. Merci à tous, et que Paris et la France jettent ensemble les bases d'une République acclamée avec toutes ses conséquences, le seul gouvernement qui fermera pour toujours l'ère des invasions et des guerres civiles.

L'état de siège est levé.

Le peuple de Paris est convoqué dans ses sections pour faire ses élections communales.

La sûreté de tous les citoyens est assurée par le concours de la garde nationale.

Hôtel de Ville, Paris, ce 19 mars 1871.

Le Comité central de la garde nationale.

Le comité central de la garde nationale,
Considérant :

Qu'il y a urgence de constituer immédiatement l'administration communale de la ville de Paris,

Arrête :

1° Les élections du conseil communal de la ville de Paris auront lieu mercredi prochain, 22 mars ;

2° Le vote se fera au scrutin de liste et par arrondissement ;

3° Chaque arrondissement nommera un conseiller par chaque vingt mille habitants ou fraction excédante de plus de dix mille.

4° Le scrutin sera ouvert de 8 heures du matin à 6 heures du soir ; le dépouillement aura lieu immédiatement ;

5° Les municipalités des vingt arrondissements sont chargées, chacune en ce qui la concerne, de l'exécution du présent arrêté.

Hôtel de Ville de Paris, ce 19 mars 1871.

Le Comité central de la garde nationale.

Citoyens de Paris,

Dans trois jours, vous serez appelés en toute liberté à nommer la municipalité parisienne. Alors, ceux qui, par nécessité urgente, occupent le pouvoir, déposeront leurs titres provisoires entre les mains des élus du peuple.

Il y a en outre une décision importante que nous

devons prendre immédiatemeut : c'est celle relative au traité de paix.

Nous déclarons, dès à présent, être fermement décidés à faire respecter ses préliminaires, afin d'arriver à sauvegarder le salut de la France républicaine et de la paix générale.

*Le délégué du gouvernement au ministère
de l'intérieur,*

V. Grêlier.

Aux gardes nationaux de Paris,

Citoyens,

Vous nous aviez chargés d'organiser la défense de Paris et de vos droits.

Nous avons conscience d'avoir rempli cette mission ; aidés par votre généreux courage et votre admirable sang-froid, nous avons chassé ce gouvernement qui nous trahissait.

A ce moment, notre mandat est expiré, et nous vous le rapportons, car nous ne prétendons pas prendre la place de ceux que le souffle populaire vient de renverser.

Préparez donc et faites de suite vos élections communales, et donnez-nous pour récompense la seule que nous ayons jamais espérée : celle de voir établir la véritable République.

En attendant, nous conservons, au nom du peuple l'Hôtel de Ville.

Hôtel de Ville, Paris, le 19 mars 1871.

Le Comité central de la garde nationale.

Comité central de la garde nationale

Les habitants limitrophes des grandes voies de communication servant au transport des vivres pour l'alimentation de Paris sont invités à disposer leurs barricades de manière à laisser la libre circulation des voitures.

Paris, le 19 mars 1871.

Aux départements

Le peuple de Paris, après avoir donné, depuis le 4 septembre, une preuve incontestable et éclatante de son patriotisme et de son dévouement à la République; après avoir supporté avec une résignation et un courage au-dessus de tout éloge, les souffrances et les luttes d'un siège long et pénible, vient de se montrer de nouveau à la hauteur des circonstances présentes et des efforts indispensables que la patrie était en droit d'attendre de lui.

Par son attitude calme, imposante et forte, par son esprit d'ordre républicain, il a su rallier l'immense majorité de la garde nationale, s'attirer les sympathies et le concours actif de l'armée, maintenir la tranquillité publique, éviter l'effusion du sang, réorganiser les services publics, respecter les conventions internationales et les préliminaires de paix.

Il espère que toute la presse reconnaîtra et constatera son esprit d'ordre républicain, son courage et son dévouement, et que les calomnies ridicules et odieuses répandues depuis quelques jours en province cesseront.

Les départements, éclairés et désabusés, rendront justice au peuple de la capitale, et ils comprendront que l'union de toute la nation est indispensable au salut commun.

Les grandes villes ont prouvé, lors des élections de 1869 et du plébiscite, qu'elles étaient animées du même esprit républicain que Paris; les nouvelles autorités républicaines espèrent donc qu'elles lui apporteront leur concours sérieux et énergique dans les circonstances présentes et qu'elles les aideront à mener à bien l'œuvre de régénération et de salut qu'elles ont entreprise au milieu des plus grands périls.

Les campagnes seront jalouses d'imiter les villes, la France tout entière, après les désastres qu'elle vient d'éprouver, n'aura qu'un but : assurer le salut commun.

C'est là une grande tâche, digne du peuple tout entier, et il ne faillira pas.

La province en s'unissant à la capitale, prouvera à l'Europe et au monde, que la France tout entière veut éviter toute division intestine, toute effusion de sang.

Les pouvoirs actuels sont essentiellement provisoires, et ils seront remplacés par un conseil communal qui sera élu mercredi prochain, 22 courant.

Que la province se hâte donc d'imiter l'exemple de la capitale en s'organisant d'une façon républicaine, et qu'elle se mette au plus tôt en rapport avec ses délégués.

Le même esprit de concorde, d'union, d'amour républicain, nous inspirera tous. N'ayons qu'un espoir, qu'un but : le salut de la patrie et le triomphe définitif de la République démocratique, une et indivisible.

Les délégués du « Journal officiel » à la Presse

Les autorités républicaines de la capitale veulent faire respecter la liberté de la presse, ainsi que toutes les autres ; elles espèrent que tous les journaux comprendront que le premier de leurs devoirs est le respect dû à la République, à la vérité, à la justice et au droit, qui seront placés sous la sauvegarde de tous.

L'état de siège est levé dans le département de la Seine.

Les conseils de guerre de l'armée permanente sont abolis.

Amnistie pleine et entière est accordée pour tous les crimes et délits politiques.

Il est enjoint à tous les directeurs de prisons de mettre immédiatement en liberté tous les détenus politiques.

Le nouveau gouvernement de la République vient de prendre possession de tous les ministères et de toutes les administrations.

Citoyens,

La journée du 18 mars, que l'on cherche par raison et intérêt à travestir d'une manière odieuse, sera appelée dans l'histoire : la journée de la justice du peuple !

Le gouvernement déchu, — toujours maladroit, — a voulu provoquer un conflit sans s'être rendu compte ni de son impopularité, ni de la confraternité des différentes armes ! L'armée entière, commandée pour être fratricide, a répondu à cet ordre par le cri de: « Vive la République ! Vive la garde nationale ! »

Seuls, deux hommes qui s'étaient rendus impopulaires par des actes que nous qualifions dès aujourd'hui d'iniques, ont été frappés dans un moment d'indignation populaire.

Le comité de la Fédération de la garde nationale, pour rendre hommage à la vérité, déclare qu'il est étranger à ces exécutions.

Aujourd'hui, les ministères sont constitués ; la préfecture de police fonctionne, les administrations reprennent leur activité, et nous invitons tous les citoyens à maintenir le calme et l'ordre le plus parfait.

Citoyens,

Vous avez vu à l'œuvre la garde nationale ; l'union,

établie au milieu de tant de difficultés par le comité de la Fédération de la garde nationale, a montré ce que nous aurions pu faire et ce que nous ferons dans l'avenir.

Une réunion des maires et adjoints et des députés de Paris, provoquée par le citoyen Tolain, a eu lieu à la mairie du deuxième arrondissement.

La gravité des événements donnait à cette réunion une importance extraordinaire. Après discussion, une délégation fût envoyée à M. Picard pour s'entendre avec lui sur les modifications à apporter dans le système gouvernemental.

Plusieurs propositions ont été faites, mais sans résultat, M. Picard ne pouvait, a-t-il dit, prendre aucune décision sans l'assentiment de ses collègues.

La délégation se rendit ensuite chez le général d'Aurelle de Paladines, qui déclara ne pouvoir apporter de remède à la situation, que, du reste, il n'avait pas créée.

Le général ajouta que le sort de la France était entre les mains des municipalités, et qu'il abandonnait toute initiative.

C'est à la suite de cet incident que le comité de la garde nationale pourvut aux besoins impérieux de la situation en organisant les services publics.

Le 21 mars, l'avis suivant est inséré au *Journal officiel* de la République française :

« A partir du 21 courant, la solde de la garde nationale sera faite régulièrement, et les distributions de secours seront reprises sans interruption.

Manifeste des députés de Paris.

A nos mandants, électeurs de la Seine,

Chers concitoyens,

Le compte rendu de la séance du 10 mars vous a dit avec quelle énergie nous avons insisté pour la translation de l'Assemblée nationale à Paris. Nous avions hâte d'être au milieu de vous.

Nous avions du moins contribué à déjouer le projet de donner pour résidence à l'Assemblée la ville de Fontainebleau.

Inutile d'ajouter, que si, plus tard, on venait proposer de changer la résidence provisoire à Versailles en résidence définitive, cette atteinte au droit de Paris, seule capitale possible de la France, rencontrerait de notre part une résistance implacable.

En attendant, et vu l'état déplorable où l'Empire a jeté notre pays, nous croyons nécessaire d'éviter tout ce qui pourrait donner lieu à des agitations, dont ne manqueraient pas de profiter nos adversaires politiques et les envahisseurs de la France, encore campés sur notre territoire.

Nous estimons, en outre, que notre présence au poste que vos suffrages nous ont assigné, ne saurait être inutile, soit qu'il s'agisse de consolider la République, soit qu'il y ait à la défendre.

Sauvegarder la République, hâter la délivrance du sol français, voilà les deux grands intérêts du moment.

La République, nous la servirons en restant sur la brèche, jusqu'à ce que l'Assemblée actuelle, nommée pour trancher la question de paix ou de guerre, et pourvoir aux nécessités résultant de sa décision, fasse place à une Assemblée constituante.

La France ! nous la servirons, en nous gardant de tout ce qui serait de nature à amener des conflits dont, nous le répétons, nos ennemis du dedans et du dehors n'auraient que trop sujet de se réjouir.

Telle est, chers concitoyens, la ligne de conduite que nous nous sommes tracée. Nous avons l'espoir que vous l'approuverez.

Peyrat, Edmond Adam, Edgar Quinet, Schoelcher, Langlois, Henri Brisson, Greppo, Tolain, Gambon, Lockroy, Jean Brunet, Floquet, Tirard, Clémenceau, Martin Bernard, Farcy, Louis Blanc.

Prorogation d'un mois des échéances des effets de commerce.

Le comité central de la garde nationale est décidé à respecter les conditions de la paix.

Seulement, il lui paraît de toute justice que les auteurs de la guerre maudite dont nous souffrons subissent la plus grande partie de l'indemnité imposée par nos impitoyables vainqueurs.

Grêlier,
Délégué à l'intérieur.

Jusqu'à nouvel ordre, et dans le but de maintenir la tranquillité, les propriétaires et les maîtres d'hôtel ne pourront congédier leurs locataires.

Assemblée nationale de Versailles.
SÉANCE DU 20 MARS

La séance est ouverte à deux heures et demie, au milieu de la plus vive attention.

M. Grévy, *président*, demande la parole.

Voici son discours résumé :

Messieurs,

« Il semblait que les malheurs de la Patrie étaient épuisés. Il n'en est rien. Une criminelle insurrection aggrave encore notre situation, si terrible. Un gouvernement factieux s'est installé à l'Hôtel de Ville. Que la France reste calme, rangée autour de ses élus. Quoi qu'on fasse, cette fois, la force restera au droit. L'Assemblée saura se faire respecter, et, grâce à son énergie, elle réussira à fonder la République, que ces criminels insurgés compromettent. » (*Vive approbation sur les bancs de l'Assemblée.*)

Une commission de quize membres est nommée pour soutenir le gouvernement dans toutes les mesures à prendre.

La Bourse cote le 3 0/0 à 50.40.

Le 22 mars, le *Journal officiel* publie ce qui suit :

Fédération républicaine de la Garde nationale.

« Le Comité central n'ayant pu établir une entente parfaite avec les maires, se voit forcé de procéder aux élections sans leur concours.

» En conséquence, le comité arrête :

» 1° Les élections se feront dans chaque arrondissement par les soins d'une commission électorale nommée à cet effet par le comité central ;

» 2° Les électeurs de la Ville de Paris sont convoqués jeudi 23 mars 1871, dans leurs collèges électoraux, à l'effet d'élire le conseil communal de Paris ;

» 3° Le nombre de conseillers est fixé à 90, soit 1 pour 20,000 habitants et par fraction de plus de 10,000. »

Voici la proclamation des députés et maires de Paris :

Citoyens,

Pénétrés de la nécessité absolue de sauver Paris et

la République en écartant toute cause de collision, et convaincus que le meilleur moyen d'atteindre ce but suprême est de donner satisfaction aux vœux légitimes du peuple, nous avons résolu de demander aujourd'hui même à l'Assemblée nationale l'adoption de deux mesures qui, nous en avons l'espoir, contribueront, si elles sont adoptées, à ramener le calme dans les esprits.

Ces deux mesures sont : l'élection de tous les chefs de la garde nationale et l'établissement d'un conseil municipal élu par tous les citoyens.

Ce que nous voulons, ce que le bien public réclame en toute circonstance, et ce que la situation présente rend plus indispensable que jamais, c'est l'ordre dans la liberté et par la liberté.

Vive la France! Vive la République !

(Suivent les signatures.)

Déclaration de la Presse

Aux électeurs de Paris,

Attendu que la convocation des électeurs est un acte de la souveraineté nationale ;

Que l'exercice de cette souveraineté n'appartenait qu'aux pouvoirs émanés du suffrage universel ;

Que, par suite, le comité qui s'est installé à l'Hôtel de Ville n'a ni droit ni qualité pour faire cette convocation ;

Les représentants des journaux soussignés regardent la convocation affichée pour le 22 courant, comme nulle et non avenue, et engagent les électeurs à n'en pas tenir compte.

Le *Journal des Débats*, le *Constitutionnel*, le *Moniteur universel*, le *Figaro*, le *Gaulois*, la *Vérité*, *Paris-Journal*, la *Presse*, la *France*, la *Liberté*, le *Pays*, le *National*, l'*Univers*, le *Temps*, la

Cloche, la *Patrie*, le *Bien public*, l'*Univers*, l'*Avenir libéral, Journal des Villes et des Campagnes*, le *Charivari*, le *Monde*, la *France nouvelle*, la *Gazette de France*, le *Petit Moniteur*, le *Petit national*, l'*Electeur libre*, la *Petite presse*.

Le comité déclare qu'il ne permettra pas impunément qu'on porte atteinte aux décisions des représentants de la souveraineté du peuple de Paris, et qu'en conséquence, une répression sévère sera faite si on continuait de tels attentats.

Assemblée nationale de Versailles

Clémenceau dépose une proposition, en son nom et au nom d'un certain nombre de ses collègues, de faire procéder dans le plus bref délai à l'élection d'un conseil municipal de la Ville de Paris composé de 80 membres.

L'état de siège est déclaré dans le département de Seine-et-Oise.

Le comité central donne la dépêche suivante reçue du quartier général prussien.

Commandant en chef du 3ᵉ corps d'armée.

Le soussigné, commandant en chef, prend la liberté de vous informer que les troupes allemandes qui occupent les forts du Nord et de l'Est de Paris, ainsi que les environs de la rive droite de la Seine, ont reçu l'ordre de garder une attitude amicale et passive tant que les événements dont l'intérieur de Paris est le théâtre ne prendront point, à l'égard des armées allemandes, un caractère hostile et de nature à les mettre en danger, mais se maintiendront dans les préliminaires de la paix.

Mais, dans le cas où ces événements auraient un

caractère d'hostilité, la Ville de Paris serait traitée en ennemie.

Le délégué du comité central aux relations extérieures a répondu :

Je soussigné, délégé du comité central aux affaires extérieures, en réponse à votre dépêche en date de Compiègne, 21 mars courant, vous informe que la révolution accomplie à Paris par le comité central, ayant un caractère essentiellement municipal, n'est en aucune façon agressive contre les armées allemandes.

Nous n'avons pas qualité pour discuter les préliminaires de la paix votés par l'Assemblée de Bordeaux.

  Le comité central et son délégué
   aux affaires extérieures,

Vu les mesures prises par le Gouvernement de Versailles pour empêcher le retour dans leurs foyers des soldats licenciés par le fait des derniers événements ;

Le comité central décide que, jusqu'à ce qu'une loi ait fixé la réorganisation des forces nationales, les soldats actuellement à Paris seront incorporés dans les rangs de la garde nationale et en toucheront l'indemnité.

     Le Comité central.

L'affiche suivante, imprimée sur papier rouge, a été collée hier dans le quartier de l'Hôtel-de-Ville :

Chambre syndicale des ouvriers tailleurs et scieurs de pierre.

  Citoyens,

A l'appel de la patrie en danger, nous avons pris les armes, là était notre devoir ; aujourd'hui, la misère et la lèpre nous ont atteints. Ce n'est que par un sublime effort que nous pourrons assurer notre avenir.

L'époque difficile que nous traversons doit nous avoir amenés à des réflexions sérieuses au sujet de notre position sociale comme travailleurs. Nous devons nous demander si nous, producteurs, nous devons continuer à faire vivre grassement ceux qui ne produisent rien ; si le système que l'on a suivi jusqu'ici est destiné à exister toujours, alors même qu'il nous est complètement opposé. Prouvons par notre attachement à la sainte cause de la démocratie que nous sommes dignes de tous les égards qui nous sont dus.

Donc, travailleurs, à l'ouvrage ! car nos patrons ne songent, en ce moment, qu'à profiter de notre misère pour nous exploiter encore davantage, si cela est possible ; et, si nous savons nous entendre, nous mettrons un frein à leurs basses rapacités.

A cet appel, nous convoquons les ouvriers tailleurs et scieurs de pierres à une réunion qui aura lieu jeudi, 23 mars 1871, à midi, place de la Corderie-du-Temple, 6, salle Moutier.

Assemblée nationale de Versailles
21 mars.

M. J. de Lasteyrie donne lecture d'une proclamation qui doit être adressée au peuple et à l'armée par l'Assemblée nationale.

Plusieurs députés de la gauche demandent qu'on ajoute au bas de la proclamation :

Vive la France ! Vive la République !

La droite s'oppose et vote quand même la proclamation sans vouloir y ajouter ces deux mots.

L'Assemblée vote à l'unanimité, en outre, l'ordre du jour suivant :

L'Assemblée, résolue, d'accord avec le pouvoir exécutif, à reconstituer, dans le plus bref délai possible, les administrations municipales des départements et de Paris sur les bases des conseils élus, passe à l'ordre du jour.

Le 23 mars, le comité central fait la proclamation suivante :

Citoyens,

Votre légitime colère nous a placés le 18 mars au poste que nous ne devions occuper que le temps strictement nécessaire pour procéder aux élections communales.

Vos maires, vos députés, répudiant les engagements pris à l'heure où ils étaient des candidats, ont tout mis en œuvre pour entraver ces élections, que nous voulions faire à bref délai.

La réaction soulevée par eux nous déclare la guerre.

Nous devons accepter la lutte et briser la résistance afin que vous puissiez y procéder dans le calme de votre volonté et de votre force.

En conséquence, les élections sont remises au dimanche prochain, 26 mars.

Jusque-là, des mesures énergiques seront prises pour faire respecter les droits que vous avez revendiqués.

Hôtel de Ville, 22 mars 1871.

Le comité central de la garde nationale.

Blanqui et Flourens protestent contre la condamnation à mort, prononcée par les hommes du 4 Septembre.

Le 24 mars, le Comité central délègue les pouvoirs militaires de Paris aux délégués Brunel, Eudes, Duval, qui prennent le titre de généraux.

Voici le récit sur les événements de la place Vendôme :

« A une heure et demie, la manifestation sortie

du Grand-Hôtel s'est engagée dans la rue de la Paix. Dans les premiers rangs, un groupe très exalté, parmi lesquels les gardes nationaux affirment avoir reconnu MM. de Heeckeren, de Coetlegon et H. de Pène, anciens familiers de l'Empire, agitait violemment un drapeau sans inscription. Arrivée à la hauteur de la rue Neuve-Saint-Augustin, la manifestation a entouré, désarmé et maltraité deux gardes nationaux détachés en sentinelles avancées. Ces citoyens n'ont dû leur salut qu'à la retraite, et, sans fusil, les vêtements déchirés, ils se sont réfugiés sur la place Vendôme. Aussitôt les gardes nationaux, saisissant leurs armes, se sont portés immédiatement, en ordre de bataille, jusqu'à la hauteur de la rue Neuve-des-Petits-Champs.

» La première ligne avait reçu l'ordre de lever la crosse en l'air, si elle était rompue, et de se replier derrière la troisième ; de même pour la seconde ; la troisième devait croiser la baïonnette ; mais recommandation expresse était faite de ne pas tirer.

» Le premier rang de la foule, qui comptait environ huit cents à mille personnes, se trouve bientôt face à face avec les gardes nationaux. Le caractère de la manifestation se dessine dès lors très nettement. On crie : « A bas les assassins ! A bas le comité ! » Les gardes nationaux sont l'objet des plus grossières insultes. On les appelle : assassins ! lâches ! brigands ! Des furieux saisissent les fusils des gardes nationaux. On arrache le sabre d'un officier. Les cris redoublent ; on a affaire non à une manifestation, mais à une véritable émeute. En effet, un coup de revolver vient atteindre à la cuisse le citoyen Maljournal, lieutenant-major de la place, membre du Comité central. Le général Bergeret, commandant la place, accouru au premier rang dès le début, fait sommer les émeutiers de se retirer. Pendant près de cinq minutes on entend le roulement du tambour. Dix sommations sont faites. On n'y répond que par des cris et des injures. Deux gardes nationaux tombent grièvement blessés. Cependant leurs camarades hésitent et tirent en l'air. Les émeutiers s'efforcent de rompre les lignes et de les désarmer. Des coups de feu retentissent, et l'émeute est subitement dispersée. Le général Bergeret fait immédiatement cesser le feu. Les officiers se précipitent, joignant leurs efforts à ceux du général. Cependant quelques coups de fusil se font entendre encore dans l'intérieur de la place ; il n'est que trop vrai que des maisons on a tiré sur les gardes nationaux. Deux d'entre eux ont été tués : les citoyens Wahlin et François, appartenant au 7e et au 215e bataillon ; huit ont été blessés : ce sont les citoyens Maljournal, Cochet, Miche, Ancelot, Legat, Reyer, Train, Laborde.

» Le premier des morts, porté à l'ambulance du Crédit Mobilier, est le vicomte de Molinet, atteint à la tête et par derrière, au premier rang de l'émeute. Il est tombé au coin de la rue de la Paix et de la rue Neuve-des-Petits-Champs, la face contre terre, du côté de la place Vendôme. Il est de toute évidence que le vicomte de Molinet a été frappé par les émeutiers ; car s'il eût été atteint en fuyant, le corps serait tombé dans la direction du nouvel Opéra. On a trouvé sur le corps un poignard fixé à la ceinture par une chaînette.

» Un grand nombre de revolvers et de cannes à

épée ont été ramassés dans la rue de la Paix et portés à l'état-major de la place.

» Le docteur Ramlow, ancien chirurgien-major du camp de Toulouse, domicilié, 32, rue de la Victoire, et un certain nombre de médecins accourus ont donné leurs soins aux blessés et signé les procès-verbaux.

» Les valeurs trouvées sur les émeutiers ont été placées sous enveloppes scellées et déposées à l'état-major de la place.

» C'est grâce au sang-froid et à la fermeté du général Bergeret, qui a su contenir la juste indignation des gardes nationaux, que les plus grands accidents ont pu être évités.

» Le général américain Shéridan, qui, d'une croisée de la rue de la Paix a suivi les événements, a attesté que des coups de feu ont été tirés par les hommes de la manifestation. »

Les maires de Paris viennent à Versailles pour être entendus par l'Assemblée nationale. Ils sont introduits, ceints de leurs écharpes.

A gauche : Vive la République !

Tous les maires : Vive la République !

Plusieurs membres de la droite mettent leur chapeau.

M. Langlois : « Chapeau bas ! c'est une insulte ! »

Le président, ne pouvant se faire entendre, lève la séance.

Le 24 mars, la Commune est proclamée à Lyon.

Le comité a voté d'urgence, à l'unanimité, la mise en liberté du général Chanzy et celle du général de Langourian.

La Commune est proclamée à Marseille.

Le 25 mars, l'Assemblée de Versailles reçoit

une dépêche annonçant le rétablissement de l'ordre à Marseille.

Le *Journal officiel* de la Commune donne la proclamation suivante :

Le Comité central de la garde nationale, auquel se sont ralliés les députés de Paris, les maires et adjoints, convaincus que le seul moyen d'éviter la guerre civile et l'effusion du sang à Paris, et, en même temps, d'affirmer la république, est de procéder à des élections immédiates, convoquent pour demain dimanche tous les citoyens dans les collèges électoraux.

Les habitants de Paris comprendront que, dans les circonstances actuelles, le patriotisme les oblige à venir tous au vote, afin que les élections aient le caractère sérieux qui, seul, peut assurer la paix dans la cité.

Les bureaux sont ouverts à huit heures du matin et fermés à minuit.

Vive la République !

Les maires et adjoints de Paris.

Les représentants de la Seine présents à Paris,
LOCKROY, FLOQUET, TOLAIN, CLÉMENCEAU, SCHOELCHER, GREPPO.

Le Comité de la garde nationale.

Le 26 mars, le Comité central fait afficher la proclamation dans laquelle il est dit que sa mission est terminée et qu'il cède sa place aux nouveaux élus.

Résultats des élections du 26 mars 1871 de la Commune de Paris :

Adam, 7272 ; — Méline, 7251 ; — Rochart, 6629 ; — Barré, 6294 ; — Brelay, 7025 ; — Tirard, 6394 ;

— Chéron, 6066 ; — Loiseau-Pinson, 6962 ; — Demoy, 8730 ; — Arnaud, 8679 ; — Pindy, 7816 ; — Cléray, 6115 ; — Dupont, 5661 ; — Lefrançais, 8619 ; — Arthur Arnould, 8608 ; — Clémence, 8163 ; — Amouroux, 8150 ; — Gérardin, 8154 ; — Jourde, 3949 ; — Regère, 4026 ; — Tridon, 3948 ; — Blanchet, 3271 ; — Ledroit, 3236 ; — Leroy, 5800 ; — Goupil, 5111 ; — Robinet, 3904 ; — Beslay, 3714 ; — Varlin, 3602 ; — Parizel, 3367 ; — Lefèvre, 2859 ; — Urbain, 2803 ; — Brunel, 1947 ; — Raoul-Rigault, 2175 ; — Vaillant, 2145 ; — Alix, 2028 ; — Ranc, 8950 ; — U. Parent, 4770 ; — Desmarest, 4232 ; — Ferry, 3732 ; — Mast, 9691 ; — Félix Pyat, 11813 ; — Henri Fortuné, 11354 ; — Gambon, 10734 ; — Champy, 11042 ; — Babick, 10738 ; Assi, 18041 ; — Avrial, 16193 ; — Delescluze, 18379 ; — Mortier, 19397 ; — Eudes, 17392 ; — Protot, 18062 ; — Verdure, 18657 ; — Varlin, 2312 ; — Freneau, 2173 ; — Geresme, 2194 ; — Theisz, 2150 ; Léo Meillet, 6664 ; — Durand, 6630 ; — Chardon, 4761 ; — Frankel, 4520 ; — Billioray, 6100 ; — Martelet, 5927 ; — Decamp, 5830 ; — Clément, 5025 ; — J. Valès, 4403 ; — Langevin, 2417 ; — docteur Marmottan, 2675 ; — Bouteiller, 1959 : — Clément, 7121 ; — Cholin, 4545 ; — Malon, 4199 ; — Blanqui, 11950 ; — Dercure, 14661 ; — Ferré, 13784 ; — Vermorel, 13784 ; — P. Grousset, 13359 ; Oudet, 10065 ; — Puget, 9547 ; — Cournet, 5540 ; Ostyn, 5065 ; — J. Miot, 5520 ; — Ranvier, 14127 ; — Bergeret, 14003 ; — Flourens, 13498, et Blanqui, 13338.

La Commune a été proclamée à Toulouse dans la soirée du 25.

Elle a été également proclamée en Algérie.

Le 29 mars, le Comité central a remis ses pouvoirs à la Commune.

Commune de Paris

Citoyens,

Votre Commune est constituée.

Le vote du 26 mars a sanctionné la révolution victorieuse.

Un pouvoir lâchement agresseur vous avait pris à la gorge : vous avez, dans votre légitime défense, repoussé de vos murs ce gouvernement qui voulait vous déshonorer en vous imposant un roi.

Aujourd'hui, les criminels, que vous n'avez même pas voulu poursuivre, abusent de votre magnanimité pour organiser, aux portes mêmes de la cité, un foyer de conspiration monarchique. Ils invoquent la guerre civile ; ils mettent en œuvre toutes les corruptions ; ils acceptent toutes les complicités ; ils ont osé mendier jusqu'à l'appui de l'étranger.

Nous en appelons, de ces menées exécrables, au jugement de la France et du monde.

Citoyens,

Vous venez de vous donner des institutions qui défient toutes les tentatives.

Vous êtes maîtres de vos destinées. Forte de votre appui, la représentation que vous venez d'établir va réparer les désastres causés par le pouvoir déchu : l'industrie compromise, le travail suspendu, les transactions commerciales paralysées, vont recevoir une impulsion vigoureuse.

Dès aujourd'hui, la décision attendue sur les loyers ;

Demain, celle des échéances ;

Tous les services publics rétablis et simplifiés ;

La garde nationale, désormais seule force armée de la cité, réorganisée sans délai ;

Tels seront nos premiers actes.

Les élus du peuple ne lui demandent, pour assurer le triomphe de la République, que de les soutenir de leur confiance.

Quant à eux, ils feront leur devoir.

Hôtel de Ville, 29 mars 1871.

La Commune de Paris.

La Commune de Paris décrète :

1° La conscription est abolie ;

2° Aucune force militaire, autre que la garde nationale, ne pourra être créée ou introduite dans Paris ;

3° Tous les citoyens valides font partie de la garde nationale.

Hôtel de Ville, 29 mars 1871.

La Commune de Paris.

La Commune de Paris,

Considérant que le travail, l'industrie et le commerce ont supporté toutes les charges de la guerre, qu'il est juste que la propriété fasse au pays sa part de sacrifices,

  Décrète :

ARTICLE PREMIER. — Remise générale est faite aux locataires des termes d'octobre 1870, janvier et avril 1871.

ART. 2. — Toutes les sommes payées par les locataires pendant les neuf mois seront imputables sur les termes à venir.

ART. 3. — Tous les baux sont résiliables, à la volonté du locataire, pendant une durée de six mois à partir du présent décret.

ART. 4. — Tous congés donnés seront, sur la demande des locataires, prorogés de trois mois.

Hôtel de Ville, 29 mars 1871.

La Commune de Paris.

La Commune de Paris décrète :

ARTICLE UNIQUE. — La vente des objets déposés au Mont-de-Piété est suspendue.

Hôtel de Ville, 29 mars 1871.

La Commune de Paris.

Organisation des Commissions.

Commission exécutive : les citoyens Eudes, Tridon, Vaillant, Lefrançais, Duval, Félix Pyat, Bergeret.

Commission des finances : les citoyens Victor Clément, Varlin, Jourde, Beslay, Régère.

Commission militaire : les citoyens Pindy, Eudes, Bergeret, Duval, Chardon, Flourens, Ranvier,

Commission de la justice : les citoyens Ranc, Protot, Léo Meillet, Vermorel, Ledroit, Babick.

Commission de sûreté générale : les citoyens Raoul Rigault, Ferré, Assy, Cournet, Oudet, Chalain, Gérardin.

Commission des subsistances : les citoyens Dereure, Champy, Ostyn, Clément, Parizel, Emile Clément, Fortuné, Henry.

Commission du travail, industrie et échange : les citoyens Malon, Frankel, Theisz, Dupont, Avrial, Loiseau-Pinson, Eug. Gérardin, Puget.

Commission des relations extérieures : les citoyens Delescluze, Ranc, Paschal Grousset, Ulysse Parent, Arthur Arnould, Ant. Arnauld, Ch. Girardin.

Commission des services publics : les citoyens Ostyn, Billoray, Clément (J.-B.), Mardelet, Mortier, Rastoul.

Commission de l'enseignement : les citoyens Jules Vallès, docteur Goupil, Lefèvre, Urbain, Albert Leroy, Verdure, Demay, docteur Robinet.

Le délégué civil et le commandant militaire de l'ex-préfecture de police,

Considérant qu'un exemple pernicieux est donné à la population par des chevaliers d'industrie qui encombrent la voie publique et excitent les patriotes aux jeux de hasard de toute sorte ;

Qu'il est immoral et contre toute justice que des hommes puissent, sur un coup de dé et sans peine, supprimer le peu de bien-être qu'apporte la solde dans l'intérieur des familles ;

Considérant que le jeu conduit à tous les vices, même au crime ;

Arrête :

ARTICLE PREMIER. — Les jeux de hasard sont formellement interdits. Tout joueur de dés, roulette, lotos, etc., sera immédiatement arrêté et conduit à l'ex-préfecture.

Les enjeux seront confisqués au profit de la République.

ART, 2. — La garde nationale est chargée de l'exécution du présent arrêté.

Paris, le 25 mars 1871.

Le commandant militaire,
Général E. DUVAL.

Le délégué civil,
RAOUL RIGAULT.

Assemblée nationale de Versailles.

SÉANCE DU 28 MARS

Clémenceau donne sa démission de député.

M. Picard, ministre de l'intérieur, annonce que

Lyon est rentré dans l'ordre, ainsi que Saint-Etienne et Toulouse.

———

Le 1ᵉʳ avril, les citoyens Adam, Meline, Rochart, Barré, Brelay, Loiseau, Tirard, Chéron, Leroy, Robinet, Desmarest, Ferry, Nast, Pruneau, Marmottan, de Bouteiller, se sont démis des fonctions de membres de la Commune.

La Commune de Paris décrète que le titre et les fonctions de général en chef sont supprimés.

Elle décrète aussi que les emplois supérieurs des services publics seront rémunérés, comme appointements, au maximum de 6000 francs par année.

Le citoyen Delescluze envoie à Versailles sa démission de député.

Le 2 avril, la Commune adresse la proclamation suivante à la garde nationale de Paris :

Les conspirateurs royalistes ont attaqué.

Malgré la modération de notre attitude, ils ont attaqué.

Ne pouvant plus compter sur l'armée française, ils ont attaqué avec les zouaves pontificaux et la police impériale.

Non contents de couper les correspondances avec la province et de faire de vains efforts pour nous réduire par la famine, ces furieux ont voulu imiter jusqu'au bout les Prussiens et bombarder la capitale.

Ce matin, les chouans de Charette, les Vendéens de Cathelineau, les Bretons de Trochu, flanqués des gendarmes de Valentin, ont couvert de mitraille et d'obus le village de Neuilly et engagé la guerre civile avec nos gardes nationaux.

Il y a eu des morts et des blessés.

Elus par la population de Paris, notre devoir est

de défendre la grande cité contre ces coupables agresseurs. Avec votre aide, nous la défendrons.

La Commune de Paris,

Considérant que les hommes du gouvernement de Versailles ont ordonné et commencé la guerre civile, attaqué Paris, tué et blessé des gardes nationaux, des soldats de la ligne, des femmes et des enfants ;

Considérant que ce crime a été commis avec préméditation et guet-apens contre tout droit et sans provocation ;

Décrète :

ARTICLE PREMIER. — MM. Thiers, Favre, Picard, Dufaure, Simon et Pothuau sont mis en accusation.

ART. 2. — Leurs biens seront saisis et mis sous séquestre, jusqu'à ce qu'ils aient comparu devant la justice du peuple.

La Commune de Paris,

Considérant que le premier des principes de la République française est la liberté ;

Considérant que la liberté de conscience est la première des libertés ;

Considérant que le budget des cultes est contraire au principe, puisqu'il impose les citoyens contre leur propre foi ;

Considérant, en fait, que le clergé a été le complice des crimes de la monarchie contre la liberté,

Décrète :

ARTICLE PREMIER. — L'Eglise est séparée de l'Etat.

ART. 2. — Le budget des cultes est supprimé.

ART. 3. — Les biens dits de main-morte, appartenant aux congrégations religieuses, meubles et immeubles, sont déclarés propriétés nationales.

ART. 4. — Une enquête sera faite immédiatement

sur ces biens, pour en constater la nature et les mettre à la disposition de la nation.

Le citoyen Cluseret est nommé délégué à la guerre, conjointement avec le citoyen Eudes. Il entrera immédiatement en fonction.

Le 3 avril, Bergeret et Flourens ont fait leur jonction et marchent sur Versailles. A peine les colonnes arrivées, elles ont essuyé un feu nourri, ouvert par le Mont-Valérien.

Le 4 avril, la Commune de Paris affiche la proclamation suivante :

Citoyens,

Les monarchistes qui siègent à Versailles ne vous font pas une guerre d'hommes civilisés ; ils vous font une guerre de sauvages.

Les Vendéens de Charette, les agents de Piétri fusillent les prisonniers, égorgent les blessés, tirent sur les ambulances.

Vingt fois les misérables qui déshonorent l'uniforme de la ligne ont levé la crosse en l'air, puis, traîtreusement, ont fait feu sur nos braves et confiants concitoyens.

Ces trahisons et ces atrocités ne donneront pas la victoire aux éternels ennemis de nos droits.

Nous en avons pour garants l'énergie, le courage et le dévouement à la République de la garde nationale.

Son héroïsme et sa constance sont admirables.

Ses artilleurs ont pointé leurs pièces avec une justesse et une précision merveilleuses.

Leur tir a plusieurs fois éteint les feux de l'ennemi, qui a dû laisser une mitrailleuse entre nos mains.

Citoyens,

La Commune de Paris ne doute pas de la victoire.
Des résolutions énergiques sont prises.
Les services, momentanément désorganisés par la défection et la trahison, sont dès maintenant réorganisés.
Les heures sont utilement employées pour votre triomphe prochain.
La Commune compte sur vous, comme vous pouvez compter sur elle.
Bientôt il ne restera plus aux royalistes de Versailles que la honte de leurs crimes.
A vous, citoyens il restera toujours l'éternel honneur d'avoir sauvé la France et la République.

———

MM. Floquet et Lockroy adressent leurs démissions de députés à Versailles.

Nous voici arrivés à cette malheureuse guerre civile, entre l'armée et les gardes nationaux de Paris. Des combats ont lieu tous les jours où chaque parti s'attribue la victoire. On s'est battu d'un côté et d'autre avec une rage inouïe, et ce que l'on regrette, c'est que ces mêmes hommes n'aient pas été mis complètement en demeure de se battre contre les Prussiens.

Je vais seulement donner aux lecteurs les faits principaux, et je vais négliger de donner tout ce qui n'est pas sérieux, soit d'un côté, soit de l'autre.

Le maréchal de Mac Mahon a été nommé commandant en chef de l'armée française, devant Paris.

Flourens, assailli dans une maison par une cinquantaine de gendarmes, se défendit, et lorsqu'il voulut sortir, le capitaine Desmarest, qui l'attendait à la porte, lui asséna sur la tête un coup de sabre. Flourens tomba ; alors un gendarme lui tira un coup de fusil à bout portant.

Le 5 avril la Commune décrète :

ARTICLE PREMIER. — Toute personne prévenue de complicité avec le gouvernement de Versailles sera immédiatement décrétée d'accusation et incarcérée.

ART. 2. — Un jury d'accusation sera institué dans les vingt-quatre heures, pour connaître les crimes qui lui seront déférés.

ART. 3. — Le jury statuera dans les vingt-quatre heures.

ART. 4. — Tous accusés retenus par le verdict du jury d'accusation seront les otages du peuple de Paris.

ART. 5. — Toute exécution d'un prisonnier de guerre ou d'un partisan du gouvernemeut de la Commune de Paris sera, sur-le-champ, suivie de l'exécution d'un nombre triple des otages retenus en vertu de l'article 4, et qui seront désignés par le sort.

ART. 6. — Tout prisonnier de guerre sera traduit devant le jury d'accusation, qui décidera s'il sera immédiatement remis en liberté ou retenu comme otage.

Sont arrêtés : Darboy, archevêque de Paris ; Lagarde, son vicaire général ; Deguerry, curé de la Madeleine et Bonjean, ex-président du Sénat.

Le citoyen Ulysse Parent donne sa démission de membre de la Commune.

Dans une allocution, un des membres de la Commune déclare que la garde nationale doit combattre héroïquement pour sauvegarder les revendications dont le drapeau rouge est le glorieux et vivant symbole.

Le 6 avril, le citoyen Ladilas Dombrowski est

nommé commandant de la place de Paris, en remplacement du citoyen Bergeret.

Le citoyen Ranc donne sa démission de membre de la Commune.

La note suivante a été adressée hier aux représentants, à Paris, des puissances étrangères, par le citoyen Paschal Grousset, délégué aux relations extérieures :

Le soussigné, membre de la Commune de Paris, délégué aux relations extérieurs, a l'honneur de vous notifier officiellement la constitution du gouvernement communal de Paris.

Il vous prie d'en porter la connaissance à votre gouvernement, et saisit cette occasion de vous exprimer le désir de la Commune, de resserrer les liens fraternels qui unissent le peuple de Paris au peuple...

Le Comité central, dans une proclamation, fait appel aux travailleurs, en leur disant :

« Travailleurs, ne vous y trompez pas ; c'est la grande lutte, c'est le parasitisme et le travail, l'exploitation et la production, qui sont aux prises. »

Le 7 avril, les troupes attaquent les barricades de Neuilly, qui sont enlevées. Le général Besson a été tué. Le général Montaudon blessé, ainsi que le général Péchaud.

Le 9 avril, les fédérés occupent Asnières, après un combat très-vif.

Le 12 avril, le citoyen Goupil donne sa démission de membre de la Commune.

Forte canonnade sur toute la ligne des forts du Sud. Les Versaillais s'avancent. L'ennemi est repoussé sur toute la ligne et a essuyé de grandes pertes.

Marseille est rentré dans l'ordre.

13 avril.

On s'est battu toute la journée dans Neuilly.

Le colonel d'état-major,
Signé : Rossel.

La Commune de Paris,

Considérant que la colonne impériale de la place Vendôme est un monument de barbarie, un symbole de force brutale et de fausse gloire, une affirmation du militarisme, une négation du droit international, une insulte permanente des vainqueurs aux vaincus, un attentat perpétuel à l'un des trois principes de la République française, la fraternité,

Décrète :

Article unique.—La colonne de la place Vendôme sera démolie.

Le 14 avril, le corps du général Ladmirault s'empare du village de Colombes.

Une bataille a duré toute la nuit, à partir de 6 heures du soir, du côté du fort de Vanves, et la troupe a été repoussée.

Les fédérés prennent à Neuilly deux drapeaux.

Paris, le 17 avril 1871.

Loi sur les échéances.

La Commune décrète :

Article premier. — Le remboursement des dettes de toute nature souscrites jusqu'à ce jour et portant échéance, billets à ordre, mandats, lettres de change, factures réglées, dettes concordataires, etc., sera effectué dans un délai de trois années à partir du 15 juillet prochain, et sans que ces dettes portent intérêt.

Art. 2. — Le total des sommes dues sera divisé en

douze coupures égales, payables par trimestres, à partir de la même date.

Art. 3. — Les porteurs des créances ci-dessus énoncées pourront, en conservant les titres primitifs, poursuivre le remboursement desdites créances par voie de mandats, traites ou lettres de change mentionnant la nature de la garantie, conformément à l'article 2.

Art. 4. — Les poursuites, en cas de non-acceptation ou de non-payement, s'exerceront seulement sur la coupure qui y donnera lieu.

Art. 5. — Tout débiteur qui, profitant des délais accordés par le présent décret, aura pendant ces délais détourné, aliéné ou anéanti son actif en fraude des droits de son créancier, sera considéré, s'il est commerçant, comme coupable de banqueroute frauduleuse, et, s'il n'est pas commerçant, comme coupable d'escroquerie. Il pourra être poursuivi comme tel, soit par son créancier, soit par le ministère public.

Le *Journal officiel*, dit : « qu'il est absolument faux que le citoyen Charles Lullier ait reçu un commandement quelconque dans la flottille.

» La commune ne peut pas donner de commandement à l'homme par la faute duquel, de son propre aveu, le Mont-Valérien est entre les mains de l'ennemi. »

Il a été reconnu que si la Commune avait eu le Mont-Valérien, le gouvernement de Versailles avait vécu.

Le citoyen Henri Brissac, publiciste, a été nommé secrétaire général de la commission exécutive de la Commune.

Les Versaillais, après plusieurs attaques contre le fort d'Issy, ont été repoussés.

Le 16 avril, élections complémentaires des membres de la Commune.

Sont élus, les citoyens : Vésinier, Cluseret, Pillot, Andrieu, Pothier, Jerrailler, Durand, Johannard, Courbet, Rogeard, Sicard, Briosne, Philippe, Lonclas, Longuet, Dupont, Arnold, Menotti Garibaldi, Viard et Trinquet.

19 avril 1871, 5 h. 27 du soir.

Bonnes nouvelles d'Asnières et de Montrouge. Ennemi repoussé.

Sur les justes demandes de toute la corporation des ouvriers boulangers, la commission exécutive arrête :

ARTICLE PREMIER. — Le travail de nuit est supprimé.
ART. 2. — Les placeurs institués par l'ex-police impériale sont supprimés. Cette fonction est remplacée par un registre placé dans chaque mairie, pour l'inscription des ouvriers boulangers. Un service central sera établi au ministère du commerce.

Paris, le 20 avril 1871.

Neuilly,

Hier soir, deux barricades ont été abandonnées à la nuit et occupées par l'ennemi. Ce matin, elles ont été reprises par les fédérés.

Le 25 avril, suspension d'armes à Neuilly, pour laisser rentrer à Paris la population, afin qu'elle puisse se mettre à l'abri des obus.
Versailles donne la nouvelle que les corps formés à Cherbourg, Cambrai, Auxerre, avec les prisonniers revenus d'Allemagne, sont venus prendre position et y ont été remarqués par leur tenue sévère et ferme.
Des combats d'artillerie s'engagent chaque jour,

lesquels font plus de mal aux propriétés qu'à toute autre chose.

Le village des Moulineaux a été enlevé aux insurgés par le corps de Vinoy.

Le 3 0/0 est à 52.

Le 26 avril, le citoyen Raoul Rigault a été nommé procureur de la Commune.

Le 19 mars, Blanqui est arrêté dans une petite ville du Midi et conduit à la prison de Figeac. Cette arrestation était motivée par suite de sa condamnation à mort comme contumax, pour l'affaire du 31 octobre.

Blanqui avait été nommé membre de la Commune, par suite des élections du 26 mars.

Il y eut des amis particuliers de Blanqui, d'accord avec certains membres de la Commune, qui entreprirent des démarches en vue d'obtenir du gouvernement de Versailles son élargissement, en échange d'autres détenus.

Le citoyen Flotte, ancien compagnon de cachot de Blanqui, son ami depuis longues années, se chargea de cette mission difficile. Il entreprit d'aller trouver l'archevêque Darboy, détenu à Mazas, et de jeter avec lui les bases d'un échange possible.

Le citoyen Raoul Rigault, délégué à l'ex-préfecture de police, lui remit le laisser-passer ainsi conçu :

Au directeur de Mazas,

Laissez communiquer le citoyen Flotte avec Lagarde, grand vicaire, et Darboy, archevêque de Paris.

Raoul RIGAULT.

Muni de ce laisser-passer, le citoyen Flotte se rendit dans la cellule de l'archevêque Darboy, et lui exposa les motifs de sa visite. L'archevêque proposa, pour remplir la mission d'échange près de M. Thiers, l'abbé Deguerry, curé de la Madeleine.

Sur certaines objections faites au citoyen Flotte par le citoyen Rigault, ce ne fut pas Deguerry, mais le grand vicaire de l'archevêque, Lagarde, qui fut choisi pour partir à Versailles.

Ordre fut donné par le citoyen Rigault, de laisser communiquer Lagarde et Darboy, en présence de Flotte. Mais Flotte laissa seuls Lagarde et l'archevêque.

Le 12 au matin, Flotte revint trouver Lagarde avec un permis de mise en liberté pour lui, et un laisser-passer en règle pour que Lagarde pût librement aller à Versailles. Flotte fit jurer à Lagarde de revenir quand même, si sa mission n'aboutissait à aucun résultat. Lagarde jura de revenir.

« Dussé-je être fusillé, je reviendrai! dit-il à Flotte. Du reste, pouvez-vous penser que je puisse un seul instant avoir l'idée de laisser monseigneur seul ici? »

Flotte conduisit lui-même Lagarde à la gare. Avant que Lagarde prît place dans le train qui devait le conduire à Versailles, Flotte lui fit encore renouveler la parole donnée : « Ne partez pas si vous n'avez pas l'intention de revenir. » Lagarde jura de nouveau.

Il partit, porteur de la lettre suivante, adressée par l'archevêque Darboy à M. Thiers :

Prison de Mazas, 12 avril 1871.

A M. Thiers, chef du pouvoir exécutif, à Versailles.

Monsieur le président,

J'ai l'honneur de vous soumettre une communication que j'ai reçue hier soir, et je vous prie d'y donner la suite que votre sagesse et votre humanité jugeront la plus convenable.

Un homme influent, très-lié avec M. Blanqui par certaines idées politiques et surtout par le sentiment d'une vieille et solide amitié, s'occupe activement de faire qu'il soit mis en liberté. Dans cette vue, il a proposé de lui-même aux commissaires que cela concerne cet arrangement : si M. Blanqui est mis en liberté, l'archevêque de Paris sera rendu à la liberté avec sa sœur, M. le président Bonjean, M. Deguerry, curé de la Madeleine, et M. Lagarde, vicaire général de Paris, celui-là même qui vous remettra la présente lettre. La proposition a été agréée, et c'est en cet état qu'on me demande de l'appuyer près de vous.

Quoique je sois en jeu dans cette affaire, j'ose la recommander à votre haute bienveillance ; mes motifs vous paraîtront plausibles, je l'espère.

Il n'y a déjà que trop de causes de dissentiment et d'aigreur parmi nous ; puisqu'une occasion se présente de faire une transaction qui, du reste, ne regarde que les personnes et non les principes, ne serait-il pas sage d'y donner les mains et de contribuer ainsi à préparer l'apaisement des esprits? L'opinion ne comprendrait peut-être pas un tel refus.

Dans les crises aiguës comme celle que nous traversons, des représailles, des exécutions par l'émeute, quand elles ne toucheraient que deux ou trois personnes, ajoutent à la terreur des uns, à la colère des autres et aggravent encore la situation. Permettez-moi de vous dire, sans autres détails, que cette question d'humanité mérite de fixer toute votre attention, dans l'état présent des choses à Paris.

Oserai-je, monsieur le président, vous avouer ma dernière raison? Touché du zèle que la personne dont je parle déployait avec une amitié si vraie en faveur de M. Blanqui, mon cœur d'homme et de prêtre n'a pas u résister à ses sollicitations émues, et j'ai pris l'engagement de vous demander l'élargissement de M. Blanqui, le plus promptement possible. C'est ce que je viens de faire.

Je serais heureux, monsieur le président, que ce que je sollicite ne vous parût point impossible ; j'aurais rendu service à plusieurs personnes, et même à mon pays tout entier.

Georges DARBOY,
Archevêque de Paris.

La garde partit donc le 12 pour Versailles. Cinq jours se passent ; on ne recevait aucune nouvelle. Le 17, Flotte reçoit une lettre de Versailles, datée du 15 avril.

Versailles, le 15 avril 1871.

Monsieur,

J'ai écrit à monseigneur l'archevêque, sous le couvert de M. le directeur de la prison de Mazas, une lettre qui lui sera parvenue, je l'espère, et qui vous a sans doute été communiquée. Je tiens à vous écrire directement, comme vous m'y avez autorisé, pour faire connaître les nouveaux retards qui me sont imposés. J'ai vu quatre fois déjà le personnage à qui la lettre de monseigneur l'archevêque était adressée, et je dois, pour me conformer à ses ordres, attendre encore deux jours la réponse définitive. Quelle sera-t-elle ? Je ne puis vous dire qu'une chose, c'est que je ne néglige rien pour qu'elle soit dans le sens de vos désirs et des nôtres.

Puisqu'on m'a formellement invité à différer mon départ de deux jours, c'est que tout n'est pas fini, et je vais me remettre en campagne. Puissé-je réussir ! Vous ne pouvez douter de mon désir ni de mon zèle. Permettez-moi d'ajouter qu'outre les intérêts si graves qui sont en jeu et qui me touchent de si près, je serais heureux de vous prouver autrement que par des paroles la reconnaissance que m'ont inspirée vos procédés et vos sentiments. Quoi qu'il arrive, et quel que soit le résultat de mon voyage, je garderai, croyez-le bien, le meilleur souvenir de notre rencontre.

Veuillez agréer, Monsieur, la nouvelle assurance de mon estime et de mon dévouement.

E. J. LAGARDE.

La lettre est du 15 avril. M. Thiers avait formellement invité Lagarde à différer son départ de deux jours. Le 18 seulement, Flotte, justement inquiet, alla trouver l'archevêque, et lui exprima son mécontentement de la conduite du grand vicaire. Lagarde ne revenait pas. Il y avait beaucoup à présumer qu'il eût l'intention formelle de rester à Versailles et de profiter de la confiance qu'on avait mise en lui pour violer sa parole, se souciant peu de ce qui pourrait arriver.

L'archevêque exprima son étonnement du retard de Lagarde : « Cela est impossible qu'il reste à Versailles, dit-il à Flotte, il reviendra, il me l'a juré à moi-même. »

Flotte exprima à l'archevêque son désir d'avoir un mot de sa main, afin de le porter lui-même à Lagarde. M. Darboy remit alors à Flotte la lettre suivante :

L'archevêque de Paris, à M. Lagarde,
son grand-vicaire.

M. Flotte, inquiet du retard que paraît éprouver M. Lagarde, et voulant dégager, vis-à-vis de la Commune, la parole qu'il avait donnée, part pour Versailles à l'effet de communiquer ses appréhensions au négociateur.

Je ne puis qu'engager M. le grand vicaire à faire connaître au juste à M. Flotte l'état de la question, à s'entendre avec lui, soit pour prolonger de vingt-quatre heures, si c'est absolument nécessaire, soit pour rentrer immédiatement à Paris, si c'est jugé plus convenable.

De Mazas, 19 avril 1871.

DARBOY,
Archevêque de Paris.

M. Flotte n'alla pas lui-même à Versailles. Ses amis lui représentèrent le danger qu'il y courrait comme ami de Blanqui et son compagnon de lutte et de prison.

On y envoya une personne sûre, qui partit le 19, et remit à Lagarde la lettre de l'archevêque.

Lagarde se contenta de faire remettre à Flotte le billet suivant, écrit à la hâte, au crayon, sur un chiffon de papier :

M. Thiers me retient toujours ici, et je ne puis qu'attendre ses ordres, comme je l'ai plusieurs fois écrit à Monseigneur. Aussitôt que j'aurai du nouveau, je m'empresserai d'écrire.

LAGARDE.

M. Lagarde ne rentra pas à Paris, et le gouvernement de Versailles refusa de souscrire à cette transaction.

28 avril. — La nuit, aux Moulineaux, deux attaques des troupes repoussées. A la gare de Clamart, autre attaque à onze heures du soir. Vers une heure, le combat a cessé, et a repris à quatre heures du matin.

Les batteries du parc Béranger ont démonté celles des Versaillais.

A Neuilly, les Versaillais ont fléchi vers quatre heures en perdant du terrain.

Issy, 29 avril, soir.

Une violente attaque a eu lieu |de la part des Versaillais, près de nos barricades. Les fédérés y répondent avec une grande vigueur. Les mitrailleuses fonctionnent des deux côtés.

Versailles, 29 avril.

Le 29, dans la soirée, le cimetière, les tranchées et le parc d'Issy sont enlevés par le concours de trois colonnes composées de bataillons des brigades Verroja, Berthe et Paturel.

L'action, préparée par une violente canonnade, est menée avec vigueur; le cimetière est enlevé à la baïonnette sans un coup de fusil; les tranchées qui relient le cimetière au parc, abordées avec élan, tombent en notre pouvoir.

Nos pertes sont minimes; l'ennemi a un grand nombre de tués et laisse entre nos mains un certain nombre de prisonniers et 8 pièces d'artillerie.

A la même heure, une reconnaissance vigoureusement exécutée par deux compagnies du 70e de marche s'empare de la ferme Bonamy, située à 500 mètres du fort de Vanves, tue 30 insurgés et fait 75 prisonniers.

30 avril. — Le citoyen Gaillard père est chargé de la construction des barricades formant une seconde enceinte en arrière des fortifications.

Le citoyen Elie Reclus est nommé directeur de la Bibliothèque nationale, par décret de la Commune.

La Compagnie du chemin de fer du Nord verse au trésor de la Commune la somme de 303,000 francs, imputable à l'arriéré de ses impôts.

Manifestation des francs-maçons.

La franc-maçonnerie de Paris se réunit et décida que, pour faire arrêter l'effusion du sang, elle irait planter sa bannière sur les remparts, à l'effet d'arriver à la conciliation. Les francs-maçons attendaient beaucoup de cette manifestation, attendu que dans l'armée de Versailles il existait aussi beaucoup de leurs membres. D'après leurs statuts, tous les membres se doivent aide et protection et ne doivent pas se combattre entre eux.

Le matin, à neuf heures, les francs-maçons se réunirent dans la cour grillée des Tuileries.

Tous les francs-maçons présents à Paris s'étaient rendus à l'appel de leurs loges. Les dignitaires, portant le cordon bleu ou rouge en sautoir, et les reins ceints du tablier symbolique, affluaient de tous les points, bannières et musique en tête, au milieu d'une foule compacte que l'attente de ce spectacle avait attirée dès la première heure.

Plusieurs bataillons de la garde nationale formaient la haie pour contenir les curieux qui se poussent aux cris de : « Vivent les francs-maçons ! Vive la Commune ! A bas Versailles ! »

Les maçons se formèrent par rangs de quatre, la musique militaire joua la *Marseillaise*, le défilé commença.

Cinquante-cinq loges étaient représentées, bannières déployées, formant environ dix mille citoyens de tout âge, de tous rangs; tous, suivant leur grade, porteurs de larges rubans de diverses couleurs. Une loge de femmes est particulièrement saluée de cette foule émue par ce spectacle unique dans l'histoire de la franc-maçonnerie.

Le cortège, accompagné de six membres de la

Commune, délégués à cette réception, se mit en marche au son d'une musique, au rhythme étrange, sévère, impressionnant.

En tête : la musique, les commandants et officiers supérieurs des gardes nationaux et enfin les grands maîtres.

Derrière eux marchaient les six membres délégués par la Commune.

Après le défilé des loges, les cris de : « Vive la République ! Vive la Commune ! » retentissaient sur tout le parcours.

La tête du cortège arriva sur la place de l'Hôtel-de-Ville, où, sous un dais élevé, devant le buste de la République et le trophée de drapeaux rouges, se trouvaient les membres de la Commune.

Des discours furent prononcés par les citoyens Monière et Térifocq, vénérables de loges.

Tous les membres de la Commune présents se joignirent aux francs-maçons, tenant à les accompagner dans leur mission périlleuse. Le défilé commença, prit rue de Rivoli, partant de l'Hôtel de Ville, et suivit les grands boulevards, depuis la Bastille jusqu'à l'arc de Triomphe.

Toujours même foule sympathique sur tout le parcours. Acclamations générales. La députation arrive aux avant-postes.

Ordre fut donné d'arrêter le feu. Quatorze mille francs-maçons sont à l'Arc de Triomphe. Ils demandèrent à aller en corps planter leurs bannières sur les remparts.

Pluie incessante d'obus, reçue aux cris de : « Vive la République ! Vive la Commune ! »

Une délégation, composée de tous les vénérables, accompagnés de leurs bannières respectives, s'avança par l'avenue de la Grande-Armée. Les bannières furent plantées sur les remparts aux postes les plus dangereux.

Enfin, vers 5 heures 30 minutes du soir, le feu cesse du côté des Versaillais. On parlemente, et trois délégués de la franc-maçonnerie se rendent à Versailles.

Il est convenu de part et d'autre que le feu ne pourra reprendre qu'après le retour des délégués.

Je n'ai pas besoin de dire que la conciliation ne put se faire et que la guerre allait recommencer plus que jamais. La plus grande partie des francs-maçons rentrèrent dans la garde nationale pour combattre le gouvernement de Versailles.

J'avais suivi cette manifestation, comme beaucoup de personnes. Lorsque je fus arrivé à l'Arc de Triomphe, un obus venant du côté de Neuilly, envoyé par l'artillerie de Versailles, vint tomber à côté de moi. Je vis que plusieurs personnes fuyaient de tous les côtés ; je me mis un peu à l'écart, quand je m'aperçus qu'un monsieur était tombé ; je m'approchai pour voir ce qui lui était arrivé, et je vis une chose horrible : un éclat d'obus avait fait à ce monsieur une blessure à la jambe d'où le sang jaillissait comme d'une fontaine. Nous allâmes chercher un brancard et quatre hommes de bonne volonté le transportèrent à son domicile. Je fus, comme beaucoup de personnes, très impressionné de cette façon d'agir de la troupe de Versailles de tirer sur des personnes inoffensives. Voilà comment le gouvernement de Versailles répondait aux tentatives de conciliation.

Le 30 avril, la commission exécutive de la Commune arrête :

Le citoyen Rossel est chargé, à titre provisoire, des fonctions de délégué à la guerre.

Le citoyen Cluseret est révoqué de ses fonctions de délégué à la guerre. Son arrestation, ordonnée par la commission exécutive, est approuvée par la Commune.

Cette arrestation est motivée par ce fait, que le citoyen Cluseret a failli compromettre la défense du fort d'Issy.

Aux citoyens membres de la commission exécutive.

Citoyens,

J'ai l'honneur de vous accuser réception de l'ordre par lequel vous me chargez, à titre provisoire, des fonctions de délégué à la guerre.

J'accepte ces difficiles fonctions, mais j'ai besoin de votre concours le plus entier, le plus absolu, pour ne pas succomber sous le poids des circonstances.

Salut et fraternité.

Le colonel de génie,
ROSSEL.

Paris, le 30 avril 1871.

Le 1ᵉʳ mai, la Commune décrète :

ARTICLE PREMIER. — Un comité de salut public sera immédiatement organisé.

ART. 2. — Il sera composé de cinq membres nommés par la Commune au scrutin individuel.

ART. 3. — Les pouvoirs les plus étendus sur toutes

les délégations et commissions sont donnés à ce comité, qui ne sera responsable qu'à la Commune.

La Commune décrète :

Sont nommés membres du Comité de salut public, les citoyens Antoine Arnaud, Léo Meillet, Ranvier, Félix Pyat et Charles Gérardin.

Sommation est faite au commandant d'Issy d'avoir à se rendre lui et tout le personnel enfermé dans ledit fort.

Voici la réponse du colonel Rossel, délégué à la guerre :

Paris, 1er mai 1871.

Au citoyen Leperche, major des tranchées, devant le fort d'Issy.

Mon cher camarade,

La prochaine fois que vous vous permettrez de nous envoyer une sommation aussi insolente que votre lettre autographe d'hier, je ferai fusiller votre parlementaire, conformément aux usages de la guerre.

ROSSEL,
Délégué de la Commune de Paris.

Le citoyen Jourde, délégué aux finances, donne à la Commune le bilan des mouvements de fonds, du 20 mars au 30 avril 1871 inclus.

Recettes	26,013,916,70
Dépenses	25,138,089,12
Reste en caisse. .	875,827,58

Dans la nuit, la redoute du Moulin-Saquet était

gardée par des détachements du 55ᵉ et du 120ᵉ bataillon, lorsqu'un détachement de troupes versaillaises se présente à la porte comme patrouille, fut admis dans le fort après avoir régulièrement donné le mot d'ordre, chargea alors la garnison surprise, la chassa de la redoute et emmena immédiatement six pièces de canon avec des attelages préparés d'avance. La redoute a été réoccupée presque aussitôt.

Versailles dit de son côté :

« Dans la nuit, un coup de main hardi était exécuté par 1,200 hommes de la 3ᵉ division (général Lacretelle), qui se portaient sur les ouvrages en avant de Villejuif, tuaient 200 insurgés dans la redoute du Moulin-Saquet, et ramenaient 300 prisonniers et 8 pièces de canon. »

Le 4 mai, Rossel envoie la dépêche suivante :

Un poste versaillais, dix hommes prisonniers. Perte versaillaise, deux cents hommes.

Asnières, 4 heures du matin.

Grêle de projectiles sur nos positions. Feux versaillais vivement éteints.

Quatre heures de l'après-midi, lutte des deux côtés ; succès des fédérés.

La gare de Clamart a été réoccupée par les troupes de la Commune. Le château d'Issy a été incendié le 4, à 3 heures de l'après-midi, et évacué par l'ennemi.

Rossel.

Du 7 au 9 mai :

Vanves, Issy.

Ruraux ne veulent pas trop avancer dans ces contrées. Le drapeau tricolore flotte sur le fort d'Issy, abandonné hier soir par la garnison.

1 heure.

Le général Brunel, commandant au village d'Issy, est chargé d'occuper la position du lycée, en le reliant au fort de Vanves.

Rossel.

Paris, 9 mai 1871.

C'est par une erreur regrettable qu'on a annoncé que le fort d'Issy était pris et occupé par les Versaillais. Il n'en est rien, heureusement, et le drapeau de la Commune flotte toujours sur ses remparts.

Dans la séance de ce jour, la Commune a décidé :

1° Le renvoi devant la cour martiale du citoyen Rossel, ex-délégué à la guerre ;

2° La nomination du citoyen Delescluze aux fonctions de délégué à la guerre.

Conformément à la décision de la Commune, il a été procédé au renouvellement du Comité de salut public. Ont été nommés : les citoyens Ranvier, Antoine Arnaud, Gambon, Eudes, Delescluze.

Le gouvernement de Versailles annonce que le fort d'Issy a été abandonné et que les troupes en ont pris possession.

Une proclamation du gouvernement de Versailles aux Parisiens, pour leur annoncer que bientôt les troupes vont rentrer à Paris. Le gouvernement fait appel à la population, afin qu'elle prête son concours pour pouvoir amener la fin de l'insurrection :

Paris, le 10 mai.

Le Comité de salut public,

Vu l'affiche du sieur Thiers, se disant chef du pouvoir de la République française ;

Considérant que cette affiche, imprimée à Versailles, a été apposée sur les murs de Paris par les ordres dudit sieur Thiers ;

Que, dans ce document, il déclare que son armée ne bombarde pas Paris, tandis que chaque jour des femmes et des enfants sont victimes des projectiles fratricides de Versailles ;

Qu'il y est fait un appel à la trahison pour pénétrer dans la place, sentant l'impossibilité absolue de vaincre par les armes l'héroïque population de Paris,

Arrête :

ARTICLE PREMIER. — Les biens meubles des propriétés de Thiers seront saisis par les soins de l'administration des domaines.

ART. 2. — La maison Thiers, située place Georges sera rasée.

ART. 3. — Les citoyens Fontaine, délégué au domaines, et J. Andrieu, délégué aux services publics, sont chargés, chacun en ce qui le concerne, de l'exécution immédiate du présent arrêté.

Les membres du Comité de Salut public.

Continuation sur toute la ligne de combats partiels.

Delescluze adresse à la garde nationale la proclamation suivante :

Citoyens,

La Commune m'a délégué au ministère de la guerre ; elle a pensé que son représentant dans l'administration militaire devait appartenir à l'élément civil. Si je ne consultais que mes forces, j'aurais décliné cette fonction périlleuse ; mais j'ai compté sur votre patriotisme pour m'en rendre l'accomplissement plus facile.

La situation est grave, vous le savez ; l'horrible guerre que vous font les féodaux conjurés avec les débris des régimes monarchiques vous a déjà coûté bien du sang généreux ; et cependant, tout en déplorant ces pertes douloureuses, quand j'envisage le sublime avenir qui s'ouvrira pour nos enfants, et lors même qu'il ne nous serait pas donné de récolter ce que nous avons semé, je saluerais encore avec enthousiasme la Révolution du 18 mars, qui a ouvert à la France et à l'Europe des perspectives que nul de nous n'osait espérer il y a trois mois. Donc, à vos rangs, citoyens, et tenez ferme devant l'ennemi.

Nos remparts sont solides comme vos bras, comme vos cœurs ; vous n'ignorez pas, d'ailleurs, que vous combattez pour votre liberté et pour l'égalité sociale, cette promesse qui vous a si longtemps échappé, que si vos poitrines sont exposées aux balles et aux obus des Versaillais, le prix qui vous est assuré, c'est l'affranchissement de la France et du monde, la sécurité de votre foyer et la vie de vos femmes et de vos enfants.

Vous vaincrez donc ; le monde qui vous contemple et applaudit à vos magnanimes efforts s'apprête à célébrer votre triomphe, qui sera le salut pour tous les peuples.

Vive la République universelle !
Vive la Commune !

Paris, 10 mai 1871.

Le délégué civil à la guerre,

DELESCLUZE.

Paris, le 11 mai 1871.

Au peuple de Paris

Citoyens,

La Commune et la République viennent d'échapper à un péril mortel.

La trahison s'était glissée dans nos rangs. Désespérant de vaincre Paris par les armes, la réaction avait tenté de désorganiser ses forces par la corruption. Son or, jeté à pleines mains, avait trouvé jusque parmi nous des consciences à acheter.

L'abandon du fort d'Issy, annoncé dans une affiche impie par le misérable qui l'a livré, n'était que le premier acte du drame : une insurrection monarchique à l'intérieur, coïncidant avec la livraison d'une de nos portes, devait le suivre et nous plonger au fond de l'abîme.

Mais, cette fois encore, la victoire reste au droit.

Tous les fils de la trame ténébreuse dans laquelle la Révolution devait se trouver prise sont, à l'heure présente, entre nos mains.

La plupart des coupables sont arrêtés.

Si leur crime est effroyable, leur châtiment sera exemplaire. La cour martiale siège en permanence. Justice sera faite.

Citoyens,

La Révolution ne peut pas être vaincue ; elle ne le sera pas.

Mais s'il faut montrer au monarchisme que la Commune est prête à tout plutôt que de voir le drapeau rouge brisé entre ses mains, il faut que le peuple sache bien aussi que de lui, de lui seul, de sa vigilance, de son énergie, de son union, dépend le succès définitif.

Ce que la réaction n'a pu faire hier, demain elle va le tenter encore.

Que tous les yeux soient ouverts sur ses agissements.

Que tous les bras soient prêts à frapper impitoyablement les traîtres. Que toutes les forces vives de la Révolution se groupent pour l'effort suprême, et alors, alors seulement, le triomphe est assuré.

Hôtel de Ville, le 12 mai.

Le Comité de salut public.

Le membre de la Commune délégué à la sûreté générale

Arrête :

Les journaux *le Moniteur universel, l'Observateur, l'Univers, le Spectateur, l'Etoile* et *l'Anonyme* sont supprimés.

Le citoyen Rossel, ex-délégué à la guerre, s'est enfui en province. Le gouvernement de Versailles l'a fait arrêter.

Vanves, le 13 mai.

Les fédérés ont repoussé les Versaillais, qui voulaient s'y établir.

Clichy.

Les batteries des fédérés ont mis le feu à Asnières, près le parc.

Depuis trois heures du matin, lutte incroyable du côté des fédérés. Versaillais fuient de toutes parts.

Neuilly.

Le 128e mérite citation à l'ordre du jour. Minuit à 3 heures, combat d'artillerie. Midi, reprise des hostilités ; sérieux avantage du côté des fédérés.

Le traité de paix avec l'Allemagne a été signé. M. Thiers l'annonce à l'Assemblée nationale de Versailles, le 11 mai.

Le 14 mai, le délégué civil à la guerre arrête que tout citoyen faisant partie de la garde nationale devra être muni d'une carte d'identité, afin de pouvoir mettre en arrestation les agents secrets qui se mettent dans les rangs pour faire appel à la trahison.

Le 16 mai, la colonne Vendôme est renversée. Voici comment le *Journal officiel* annonce cette nouvelle :

« Le décret de la Commune de Paris qui ordonnait la démolition de la colonne Vendôme a été exécuté hier, aux acclamations d'une foule compacte, assistant sérieuse et réfléchie à la chute d'un monument odieux élevé à la fausse gloire d'un monstre d'ambition.

» La date du 26 floréal sera glorieuse dans l'histoire, car elle consacre notre rupture avec le militarisme, cette sanglante négation de tous les droits de l'homme.

» Le premier Bonaparte a immolé des millions d'enfants du peuple à sa soif insatiable de domination ; il a égorgé la république, après avoir juré de la défendre ; fils de la Révolution, il s'est entouré des priviléges et des pompes grotesques de la royauté ; il a poursuivi de sa vengeance tous ceux qui voulaient penser encore ou qui aspiraient à être libres ; il a voulu river un collier de servitude au cou des peuples, afin de trôner seul dans sa vanité, au milieu de la bassesse universelle : voilà son œuvre pendant quinze ans.

» Elle a débuté, le 18 brumaire, par le parjure,

s'est soutenue par le carnage, et a été couronnée par deux invasions ; il n'en est resté que des ruines, un long abaissement moral, l'amoindrissement de la France, le legs du second empire commençant au Deux-Décembre pour aboutir à la honte de Sedan.

» La Commune de Paris avait pour devoir d'abattre ce symbole du despotisme : elle l'a rempli. Elle prouve ainsi qu'elle place le droit au-dessus de la force et qu'elle préfère la justice au meurtre, même quand il est triomphant.

» Que le monde en soit convaincu : les colonnes qu'elle pourra ériger ne célèbreront jamais quelque brigand de l'histoire ; mais elles perpétueront le souvenir de quelque conquête glorieuse dans le champ de la science, du travail et de la liberté. »

Paschal Grousset adresse aux grandes villes de France un appel suprême pour les engager à prendre les armes contre l'ennemi commun.

Paris, le 17 mai.

Le gouvernement de Versailles vient de se souiller d'un nouveau crime, le plus épouvantable et le plus lâche de tous.

Ses agents ont mis le feu à la cartoucherie de l'avenue Rapp et provoqué une explosion effroyable.

On évalue à plus de cent le nombre des victimes. Des femmes, un enfant à la mamelle ont été mis en lambeaux.

Quatre des coupables sont entre les mains de la sûreté générale.

Le Comité de salut public.

Le 18 mai, les journaux *la Commune*, *l'Echo de*

Paris, l'Indépendance française, l'Avenir national, la Patrie, le Pirate, le Républicain, la Revue des Deux-Mondes, l'Echo de l'Ultramar et *la Justice* sont supprimés.

Aucun nouveau journal ou écrit périodique politique ne pourra paraître avant la fin de la guerre.

Véritable bombardement, toute la soirée, d'Auteuil, Passy et Point-du-Jour, par les batteries de Montretout ; les fédérés ripostent vigoureusement.

Définitivement, succès remporté par les fédérés dans le bois de Boulogne.

Le fort de Vanves a été évacué par les fédérés.

Les 19 et 20 mai, combats partiels sur toute la ligne, où il y a, de côté et d'autre, tués, blessés et prisonniers.

Paris, le 20 mai.

Le Comité de salut public, en présence des tentatives de corruption qui lui sont signalées de toutes parts, rappelle que tout individu prévenu d'avoir offert ou accepté de l'argent pour faits d'embauchage, se rend coupable du crime de haute trahison et sera déféré à la cour martiale.

Le Comité de salut public.

Les habitants de Paris sont invités à se rendre à leurs domiciles sous quarante-huit heures : passé ce délai, leurs titres de rente et grand-livre seront brûlés.

Pour le Comité central,

Signé : GRÊLIER.

Le 21, la Commune proteste énergiquement contre la note ci-dessus et ordonne l'arrestation du citoyen Grêlier.

Nous arrivons vers la fin de la Commune, qui sera une triste date pour tout homme de cœur.

Je tiens à dire, avant de continuer, que plusieurs écrits publiés sur cette triste époque ont prétendu que la Commune avait décrété d'incorporer d'office et de force, dans la garde nationale, tous les jeunes gens ainsi que tous les hommes valides.

Ceci n'est pas la vérité, car je n'ai trouvé nulle part trace de ce dire.

Ce qui a eu lieu, c'est que la Commune a rendu un décret pour les réfractaires; ce qui n'est pas la même chose.

Pour mon compte personnel, je puis dire que pendant toute la Commune, j'ai été tous les jours me promener dans les quartiers de Paris, et que jamais personne ne m'a rien dit ni demandé.

D'un autre côté, je n'ai vu ni entendu personne se plaindre de quoi que ce soit à ce sujet.

Le 21 mai, dans la soirée, les troupes de Versailles entrent dans Paris.

Les patrons de ma maison avaient leurs familles en province et allèrent les rejoindre sur leurs instances. Avant de partir, ils me recommandèrent de veiller sur leur maison et de les remplacer en cas de besoin. J'acceptai. Les magasins furent complètement fermés. Je fis rester dans les magasins quatre jeunes gens, six garçons et un surveillant, plus tout le personnel de la cuisine.

Le 22 mai, je me levai, comme d'habitude, à 6 heures du matin. Après avoir fait ma toilette, je sortis pour me rendre au magasin, pour voir s'il n'y avait rien de nouveau, quand, arrivé devant ma porte, 6, rue des Dames, à Batignolles, je fus très surpris d'y voir beaucoup de groupes d'hommes, femmes et enfants, qui causaient avec une grande animation. Je m'approchai et j'entendis dire que l'armée de Versailles était entrée à Paris.

Une partie des fédérés avait abandonné les fortifications pour rentrer à Paris.

M. Duchâtel, qui était de ce côté-là, ne voyant plus de fédérés, s'avança en vue de la troupe de Versailles en mettant au bout de sa canne son mouchoir blanc. Un parlementaire arriva, et après quelques paroles, il s'éloigna pour aller avertir qui de droit, pour lui annoncer que l'armée pouvait entrer. Voilà comment l'armée fit son entrée à Paris, sans un coup de fusil.

Je sortis de la rue des Dames en prenant l'avenue de Clichy, lorsqu'en face la statue Moncey, je vis beaucoup de fédérés qui travaillaient à dresser une forte barricade. Le doute n'étant plus possible, je me dis : il faut aller vite pour rentrer au magasin, car la bataille décisive approche.

Je ne fus pas aussitôt arrivé près de la barricade qu'un fédéré en arme m'interpella en me donnant l'ordre de prendre des pavés et de travailler à la barricade. « Je veux bien faire comme vous, mais je vais là, à deux pas, chercher un médecin pour ma femme qui est dangereusement malade et je reviens immédiatement. »

Je me mis à courir, et comme le fédéré était occupé à vouloir faire travailler d'autres personnes, je pus continuer ma route.

Arrivé à la rue de la Chaussée-d'Antin, là où existe le boulevard Haussmann, je vis beaucoup de personnes qui couraient de côté et d'autre sans savoir pour quel motif. Mais une seconde après, j'entendis au loin des coups de fusils ; je compris la cause de ces courses affolées. Je marchai toujours sans m'arrêter et entendis des balles siffler à mes oreilles. Il est probable que les soldats tiraient du haut du boulevard Haussmann, tout droit devant eux.

Aussitôt arrivé aux magasins, je racontai ce qui se passait et en même temps, je dis que la bataille des rues allait commencer.

L'armée, une fois entrée, prit ses dispositions, de manière à faire un cordon autour de Paris, pour serrer les fédérés dans un cercle d'où ils ne pourraient plus sortir.

La matinée du 22 se passa sans accident.

Vers les trois heures de l'après-midi, nous étions dans les sous-sols, où sont les cuisines et la salle à manger, à cause des événements, lorsqu'un employé vint m'avertir qu'on frappait à coups de crosses de fusil à la porte du sous-sol. Je dis à cet employé :

« Pourquoi n'avez-vous pas ouvert?
— Mais je n'ose pas! »

Je fis rassembler immédiatement tout le personnel en lui recommandant de faire comme s'il venait de déjeuner et de rester assis.

Je fus tout droit à la porte où les coups redoublaient et criai :

« Qui est là! »
Une voix me répondit :
« La garde nationale!
— Que voulez-vous?
— Nous voulons entrer! »

Je tirai le verrou et ouvris. Je me trouvai en présence d'un officier qui avait un gros revolver à la main, prêt à faire feu en me le mettant sur la poitrine (1). Je ne me déconcertai pas; je le regardai bien en face et le dialogue suivant s'engagea :

« Que demandez-vous et que voulez-vous ?

— Nous demandons pourquoi ceci est fermé et pourquoi vous avez tant de monde chez vous ?

— Avant de vous répondre, veuillez être assez aimable d'abaisser cette arme, afin de pouvoir causer, et en même temps, je vous engage à faire entrer vos hommes, qui sont, je crois, au nombre de huit. »

L'officier ainsi que ses hommes entrèrent. Je dis à l'officier :

« Je ne comprends pas pourquoi vous venez ainsi ; on dirait que vous allez prendre une forteresse, car ici il n'y a que des gens paisibles et de bons républicains.

— Mais, monsieur, nous sommes en ce moment-ci porteurs d'ordres très sévères que nous devons exécuter, et comme votre maison cache beaucoup de monde, je viens pour vous arrêter tous et vous conduire à l'état-major général, place Vendôme. Je ne vous le cache pas, lorsque j'ai voulu pénétrer dans vos magasins, je ne pouvais trouver la porte, car tantôt on nous disait que c'était rue Halévy, tantôt boulevard des Capucines et enfin ici. »

Je lui répondis :

« Je ne sais pas qui vous a renseigné à ce sujet, attendu que nous ne sommes cachés nullement, et quant à notre arrestation, cela m'est parfaitement indifférent, si ce n'est qu'on ne peut ainsi aban-

---

(1) Cet officier était un ancien sergent de la ligne qui était resté à Paris, après l'affaire du 18 mars.

donner des magasins comme ceux-ci, qui renferment plusieurs millions de marchandises qui sont le gagne-pain de quatre cents employés, et que, d'un autre côté, les patrons ne sont pas ici.

— Comment ! vos patrons sont en province ?

— Oui, citoyen ! si vous avez un commandant près d'ici, voulez-vous avoir la bonté de l'envoyer chercher, afin que je cause avec lui. »

Il réfléchit un instant, puis il appela un garde en lui donnant l'ordre d'aller le chercher.

Un moment après, je vis arriver le commandant. C'était un homme de grande taille, fort et joli garçon. Il était en tenue de campagne, sabre au côté, deux gros revolvers, un de chaque côté de sa ceinture. Je m'approchai de lui en le saluant et lui disant :

« Bonjour, commandant ! je viens de vous faire appeler, parce qu'un de vos officiers voulait nous arrêter, et comme je ne sais pas pourquoi, je voulais être renseigné auprès de vous.

— Comment, me dit-il, vous ne savez pas pourquoi ? Mais c'est bien simple : vous cachez du monde, afin que toutes ces personnes, au moment du danger, se tournent contre nous.

— Je ne sais dans quelle intention vous parlez ainsi, car tous ces jeunes gens, qui sont de bons républicains, et moi-même qui vous parle, crois l'être aussi bien que n'importe qui et peut-être beaucoup plus que vous, sans vous connaître. »

Je m'approchai aussitôt près de lui en lui disant tout doucement :

« Commandant ! il y a probablement longtemps que vous vous êtes mis à table, et si vous vouliez être assez aimable de venir ce soir à six heures, avec vos officiers, partager notre dîner, vous me feriez plaisir.

— Oui, en effet, nous aurions besoin de nous restaurer, car le combat approche. »

Mais se reprenant, il me dit :

« Pourquoi avez-vous tant de monde ?

— Vous comprenez, commandant, qu'une maison comme celle-ci ne peut rester seule. Je suis chargé, par mes patrons, de veiller à sa sécurité pour ne pas laisser quatre millions de marchandises et plusieurs centaines d'employés sans travail. »

Il réfléchit un instant, en me répondant :

« Vous avez raison, vous êtes un bon garçon. Seulement, comme j'ai des ordres excessivement positifs sur votre maison, j'ai besoin d'une décharge et vous allez faire une attestation comme quoi vous répondez, en donnant leurs noms, des personnes qui sont avec vous.

En effet, je pris immédiatement la plume et écrivis ce qui suit :

« Je soussigné, Gabriel Chausson, caissier principal de la grande Maison de Blanc, déclare me rendre garant des personnes ci-après désignées et déclare en prendre toute la responsabilité.

« En foi de quoi j'ai signé la présente. »

Le commandant prit cette attestation et la mit dans la poche de sa tunique. Nous nous donnâmes rendez-vous pour le dîner et il sortit avec son lieutenant, laissant ses huit hommes armés avec nous.

Je me disposais à sortir pour voir ce qui se passait, lorsqu'un des gardes vint à moi, en me disant :

« Ne sortez pas en ce moment-ci, car rien n'est sûr et ne vous exposez pas. »

En même temps, il s'approche bien près de moi pour me dire :

« Je voudrais, monsieur, vous demander un service; nous sommes en ce moment-ci huit, tous pères de famille, croyant la République menacée; nous avons pris les armes pour la sauver et nous voyons maintenant que la dernière bataille va se livrer. Je viens vous demander en grâce de vouloir bien nous sauver, si vous le pouvez, lorsque le moment sera venu.

— Je ne demande pas mieux; mais, pour cela, il faut rester à la maison ou tout près, et aussitôt que la troupe de Versailles entrera au n° 6, vous viendrez me trouver.

— Nous vous le promettons et nous vous en faisons le serment. »

Je fus devant la porte des magasins pour voir si les barricades étaient installées partout. En effet, une était placée, avec deux pièces de canon, sur le boulevard des Capucines, barrant le boulevard, donnant du côté de la Madeleine, place Vendôme et rue Auber; une autre rue Halévy, donnant vue jusqu'au boulevard Haussmann, et une autre Chaussée-d'Antin, en face l'église de la Trinité.

Toutes les fenêtres se fermèrent et on ne vit plus une âme dans les rues; c'est-à-dire que tout le monde était prisonnier, chacun chez soi. Ce que l'on voyait, c'étaient les fédérés qui allaient et venaient, donnant le dernier coup de main aux barricades. Je pensai que l'action n'aurait pas lieu le soir même, et que, probablement, cela ne serait que pour le lendemain. Je rentrai et fis préparer le dîner.

Le soir, à sept heures moins le quart, le commandant, avec ses officiers et quelques gardes, firent leur entrée et, après quelques paroles échangées, nous nous mîmes à table. Nous dînâmes; on causa beaucoup et nous portâmes un toast à la République. Nous allions nous séparer, vers les huit heures et demie, lorsque deux délégués de la Commune vinrent pour parler au commandant. Je me rapprochai de l'un d'eux pour lui demander s'il y avait quelque chose de nouveau; il me dit:

« Non.

— Avez-vous confiance?

— Oh! oui, car tout Paris est en ce moment-ci sillonné de barricades; on va en construire toute la nuit et elles seront bien défendues.

Tout le monde se retira. Je donnai l'ordre au petit personnel de se retirer pour aller se reposer et dormir, si rien ne venait le déranger.

Je restai à la cuisine; je me mis sur une chaise, moitié dormant, moitié rêvant. Vers les cinq heures du matin, un coup de canon me tira de mes rêveries. Je trouvai tout le personnel sur pied. Nous allâmes voir au magasin ce qui se passait. Nous montâmes sur une échelle, et là nous aperçûmes que des coups de canon étaient tirés de la barricade du boulevard des Capucines sur la rue Auber. On tira environ trente coups. Cela faisait un bruit formidable, et à chaque coup les glaces tremblaient avec un bruit de verre cassé. Ceci ne devait être probablement qu'une alerte, car tout rentra bientôt dans le silence.

Vers les onze heures, le commandant, avec ses officiers et les mêmes gardes de la veille, vint déjeuner avec nous. Lorsque nous eûmes terminé le repas, le chef de cuisine vint me trouver, en me disant : « Vous savez que pour ce soir je n'ai rien pour le dîner, et personne ne peut sortir. »

Je m'adressai immédiatement au commandant pour lui dire de vouloir bien envoyer ses hommes chez le premier boucher venu, et, par réquisition, se faire délivrer de la viande. Il envoya immédiatement deux hommes qui, un moment après, apportèrent six beaux gigots de mouton.

Vers midi et demi, un officier venant de la place Vendôme causa quelques instants avec le commandant ; puis se retournant vers moi, me donnant la main, me dit : « Je viens de recevoir des ordres ; on attend d'un moment à l'autre la bataille des rues. Comme je ne sais pas si vous me reverrez, voici toujours ma carte ; je suis marbrier et ancien officier de marine, et si je meurs, vous pouvez croire que ça sera pour elle : la République ! Vive la République ! » Nous nous serrâmes les mains et nous nous séparâmes.

J'étais à me promener dans les magasins, vers les trois heures de l'après-midi, quand j'entendis des coups de fusil. Je montai immédiatement à l'entre-sol, du côté de la rue Halévy, n° 8, où il existe un grand vitrage sans persiennes, complètement à découvert. La vue donne jusqu'au boulevard Haussmann, du côté de l'Opéra. Je vis quelques fédérés qui, des portes cochères, tiraient quelques coups de fusil dans cette direction. Quelques employés vinrent me trouver en me disant :

« Monsieur Chausson, ne restez pas là, vous allez vous faire tuer ; une balle pourrait vous frapper. »

Je leur dis :

« Non ! Je veux tout voir, je verrai tout ; laissez-moi tout seul. »

La fusillade, du côté de l'armée, commença

vers les quatre heures avec une impétuosité terrible. On aurait dit que les tapisseries se déchiraient d'un bout à l'autre avec un fracas sinistre, et que les glaces se brisaient en mille morceaux et sans une seconde d'interruption. Je regardai de tous côtés pour voir si je voyais les balles s'aplatir contre les murs, mais rien, absolument rien. C'est quelque chose de mystérieux; vous entendez à côté de vous, sur la tête, partout, des sifflements, des coups, mais vous ne voyez rien, comme si vous étiez dans une nuit très sombre.

Ce vacarme dura environ jusqu'à cinq heures un quart; puis, tout à coup, la fusillade cessa comme par enchantement. J'étais toujours à mon observatoire, quand je vis déboucher du boulevard Haussmann, se dirigeant de mon côté, rue Halévy, une compagnie de ligne, forte environ d'une quarantaine d'hommes. Ces hommes marchaient un peu vite, l'arme au bras. Je regardai de l'autre côté pour voir si les fédérés étaient à leurs barricades; mais ils étaient partis plus loin en les abandonnant complètement.

Lorsque la compagnie fut en face de moi, un sergent se détacha, courut à l'Opéra et alla planter le drapeau tricolore, malgré les balles des fédérés qui tiraient de la rue de la Paix et des rues avoisinantes. En même temps, les soldats prirent possession des barricades.

Voyant que de ce côté tout était terminé, je descendis aux magasins. Je n'étais pas aussitôt arrivé qu'un garde vint me trouver en me disant:

« Sauvez-nous!

— Combien êtes-vous?

— Six!

— Eh bien, venez avec moi. »

Je leur remis des blouses blanches qui appartenaient aux garçons, ainsi que des pantalons, en leur recommandant de prendre n'importe quoi et de faire comme s'ils travaillaient.

Je montai à l'entre-sol qui donne dans la cour du n° 6, où j'aperçus des soldats qui regardaient de tous les côtés, en haut, en bas, pour découvrir des fédérés. J'ouvris la fenêtre et je leur dis : « Il n'y a personne ; tous sont partis plus loin. » Je n'avais pas achevé de prononcer ces paroles que j'entendis une détonation, et un soldat venait de s'affaisser. Le malheureux, ayant trouvé un fusil de fédéré par terre, l'avait pris pour le briser. C'est en le brisant que la balle était partie, avait traversé son ventre ; il mourut quelques moments après. Voilà à quoi sert la guerre.

Je redescendis dans les magasins, et cinq minutes ne s'étaient pas écoulées qu'un garçon vint me dire qu'on avait pris dans les mansardes un fédéré, lequel était dans la cour du n° 6. Je courus aussitôt dans la cour, et, en effet, je vis là un jeune homme en blouse que deux soldats tenaient par les bras. Je le vis tellement blême que je crus qu'il allait mourir. Je dis au concierge de donner une chaise pour le faire asseoir. En même temps, je donnai l'ordre à un employé d'aller chercher un verre d'eau fraîche pour le lui faire boire.

Et, m'adressant aux deux soldats, je leur demandai où ils l'avaient trouvé.

« C'est là-haut ; une personne l'a dénoncé.

— Vous n'avez pas là un capitaine?

— Si, monsieur, il est sur le boulevard.

— Vous ne pourriez pas le faire venir ici?

Un soldat sortit et amena avec lui le capitaine

qui commandait la barricade du boulevard des Capucines. Aussitôt que je l'aperçus, je fus au-devant de lui en lui disant :

« Bonjour, capitaine! Vous avez en ce moment-ci une rude besogne et vous devez être fatigué?

— Ah! oui, monsieur.

— Vous devez aussi avoir besoin de vous mettre à table pour vous restaurer?

— Je crois bien; il y a longtemps que je n'ai pas eu cet honneur.

— Si vous ne voyez aucun inconvénient à cela, et si vous le voulez bien, je vous invite pour ce soir, ainsi que tous vos officiers, à venir dîner avec nous; car, à la *Grande Maison de blanc*, il y a tout ce qu'il faut pour cela.

— J'accepte.

— A quelle heure?

— A sept heures.

— C'est entendu. A propos, capitaine, voilà un jeune homme de dix-huit ans qui se meurt de frayeur, que ces messieurs ont pris là-haut. C'est un pauvre diable que les fédérés ont fait marcher de force, et aussitôt que vous êtes entrés il s'est sauvé sans tirer un coup de fusil. »

Le capitaine réfléchit un instant et dit :

« Jeune homme, vous êtes libre! »

Je l'avais sauvé. Je n'ai jamais entendu parler ni de lui, ni des six autres, ni du commandant. Que sont-ils devenus?

Le soir, à sept heures et demie, le capitaine, avec plusieurs de ses officiers et quelques soldats, prirent le repas avec moi et mon personnel, et nous causâmes des événements de la journée. Le sentiment général était que l'affaire pouvait être considérée comme terminée et que les fédérés étaient et seraient complètement mis en déroute.

Je puis dire que la troupe de Versailles avait mangé les gigots que les fédérés avaient apportés le matin.

Vers les huit heures, tout le monde quitta la table ; officiers et soldats allèrent à leurs postes.

C'était environ huit heures et demie, j'étais dans la cour, quand un sergent de ligne amena un fédéré pour être conduit devant le capitaine. Ce fédéré avait été pris les armes à la main. Le sergent le tenait fortement par le bras en lui disant :

« Je te tiens, tu n'as pas pour longtemps à vivre ; cette balle, il frappait avec sa main sur la crosse de son chassepot, va faire ton affaire. »

Je vois encore ce fédéré, un homme âgé environ de soixante ans, cheveux blancs ainsi que sa barbe blanche, ses mains noires de poudre, ainsi que sa figure, disant au sergent :

« Ce que vous dites et rien c'est la même chose ; j'ai fait mon devoir, j'ai brûlé toutes mes cartouches, et si j'avais pu en avoir d'autres je vous les aurais toutes envoyées. Faites de moi ce que vous voudrez, et vive la République ! »

J'avais l'intention d'intervenir pour sauver ce malheureux ; mais après ces paroles je compris qu'il y avait impossibilité absolue. Ce fut pour moi un grand regret.

Le soir, il y eut devant le n° 6 du boulevard des Capucines des coups de canon tirés par l'armée avec de petites pièces de campagne. Je voulus me rendre compte dans quelle direction on pouvait tirer, et je compris que c'était tout simplement pour impressionner et faire du tapage. Je rentrai dans les magasins vers les neuf heures, où je fus me reposer.

Le lendemain, à onze heures, nous n'eûmes à déjeuner qu'un sergent, un caporal et six hommes. Le sergent était à côté de moi et, naturellement, nous causâmes de ces tristes journées. Je lui dis :

« Vous avez remporté la victoire ; maintenant, ce n'est plus qu'une question de marche et dans deux jours tout sera terminé ?

— C'est probable, me répondit-il, et cette malheureuse guerre sera finie.

— Est-ce que vous aviez confiance de réussir lorsque vous étiez à Versailles ?

— Non, et si on ne nous avait pas monté le moral comme on a fait, nous n'aurions pas marché. Le gouvernement a tout fait pour cela ; on nous disait que les fédérés assassinaient tout Paris, qu'ils volaient, pillaient impunément et qu'ils voulaient tout détruire ; aussi ils ont commencé par la colonne Vendôme, laquelle représente la gloire de l'armée. »

Je lui répondis :

« Voulez-vous me dire comment cela peut représenter la gloire de l'armée ?

— Oui, car c'est l'empereur Ier qui l'a fait élever pour perpétuer le souvenir de ses victoires.

— Je vous demande pardon ; c'est l'immortelle Convention, sous la première République, qui décréta d'élever une colonne pour perpétuer le souvenir des victoires remportées par les soldats de la Révolution. Voulez-vous me dire à quoi votre empereur Ier est arrivé avec ses victoires ? Je vois que vous ne répondez pas ; eh bien, moi, je vais vous le dire : Lorsqu'il a pris la France, qui était en République, elle était grande et forte, notre chère patrie! lorsqu'il l'a laissée, nos frontières naturelles étaient perdues; il a fait tuer six millions d'hommes sur les champs de bataille, sans profit pour la France. Après, nous avons eu l'invasion, et lui, il fut forcé de mourir sur un rocher, à Sainte-Hélène. Voilà l'homme! Qu'en dites-vous? Et le second, vous savez ce qu'il a fait; il n'y a pas bien longtemps de cela! Il a déshonoré l'armée! Je vois, sergent, qu'on vous avait fait une histoire à part. »

Il me répondit :

« Vous avez raison. »

Il me serra la main et nous nous séparâmes.

Une heure après ce dialogue, tous les soldats étaient partis de la maison. Ils continuèrent d'avancer. Les barricades du boulevard furent gardées par un ou deux hommes. Je compris que tout était terminé de ce côté-là, qu'il n'y avait plus rien à craindre. La maison était sauvée!

Pensant toujours à ma femme et à ma petite fille, ne les ayant pas vues depuis deux jours, ce qui voulait dire un siècle dans ces moments si terribles, je montai la rue de Clichy. Arrivé aux trois quarts de cette rue, je vis au milieu une dizaine de fédérés étendus par terre. Je pris des informations et on me dit que ces cadavres étaient ceux des fédérés qu'on avait pris dans les maisons et qui, n'ayant pas voulu marcher, avaient été fusillés sans autre forme de procès. Cela vous laissait un froid dans l'âme en pensant à tous ces malheurs. Je continuai ma route en remarquant que la lutte avait été dure de ce côté-là, car les fenêtres étaient noircies des coups de feu qu'elles avaient reçus; c'était triste à voir. Enfin, je pus arriver chez moi et embrasser avec bonheur ma femme et mon enfant, qui n'avaient rien, car elles s'étaient barricadées dans l'appartement pendant toute l'action.

Le 23 mai, M. Chaudey est fusillé à Sainte-Pélagie, sur l'ordre de Raoul Rigault.

La journée du 24 mai comptera parmi les plus sinistres dans l'histoire de Paris. Raoul Rigault, membre de la Commune, fait fusiller à la Roquette les otages : le président Bonjean, ainsi que l'archevêque de Paris avec ses compagnons. C'est aussi la journée des incendies et des explosions. Le ciel reste obscurci pendant tout le jour par la fumée et les cendres.

Déjà, la veille, un immense incendie dévorait le palais de la Légion d'honneur, la Cour des comptes et le conseil d'Etat ; les Tuileries avaient brûlé toute la nuit, et, dès l'aube, l'incendie atteignait une partie du Louvre.

Dans la matinée, de nouveaux incendies se déclarent au ministère des finances, au Palais-Royal, dans la rue de Rivoli, dans la rue du Bac, au carrefour de la Croix-Rouge.

Le palais de justice, le Théâtre-Lyrique, l'Hôtel de Ville sont livrés aux flammes quelques jours plus tard.

Tout le cours de la Seine, en amont du palais législatif, paraît en feu.

A l'horreur qu'inspirent ces immenses foyers, viennent s'ajouter des explosions considérables dans les quartiers de la Sorbonne et du Panthéon.

Le vent poussait dans toutes les directions des papiers à moitié brûlés, provenant du ministère des finances.

Triste spectacle ! c'était navrant ! c'était le désespoir de la mort !

La guerre des rues avait duré trois jours, en laissant sur le sol environ 20,000 fédérés fusillés ou tués dans les combats.

Le 25 mai, au matin, je fus aux magasins et comme je passais devant la barricade du boulevard, je vis là un sergent de la ligne qui la gardait. Un monsieur vint à passer près de lui, s'arrêta en engageant la conversation. J'entendis que ce monsieur lui disait :

« Eh bien, vous avez eu raison de ces bandits, de ces canailles ; je pense bien qu'on va les fusiller tous. »

Le sergent le regarda en face et lui répondit :

« Monsieur, si j'avais quelqu'un à fusiller, je commencerais par vous, attendu que lorsque l'amiral Saisset a fait appel aux véritables gens de l'ordre, il n'a pu réunir personne pour combattre ces malheureux. Moi, je suis un ancien soldat et enfant de Paris, et aussitôt que j'ai vu les mauvaises dispositions de la Commune, je suis allé demander du service à Versailles pour combattre ces hommes. Aujourd'hui qu'ils sont vaincus, vous ne voudriez pas de grâce ?

A ces mots, le monsieur, tout confus, disparut à nos yeux et dût jurer qu'on ne l'y prendrait plus.

Voici, à titre de document, les dernières proclamations de la Commune :

Paris, 3 prairial 79 (24 mai).

L'ennemi s'est introduit dans nos murs, plutôt par la trahison que par la force, le courage et l'énergie des Parisiens le repousseront. A l'heure où toutes les grandes communes de la France entière se réveillent pour la revendication de leurs libertés, pour se fédérer entre elles et avec Paris, Paris, la ville sainte, le foyer de la Révolution et de la civilisation, n'a rien à redouter. La lutte est rude, soit, mais n'oublions pas que c'est la dernière, que c'est le suprême effort de nos ennemis. A ces hommes que rien n'a pu instruire, à ces hommes qui ne tiennent compte ni de la grande Révolution, ni de 1830, — à ces hommes qui ont oublié les luttes de 1848, les hontes de décembre 1851 et de Sedan,—qui ne savent pas même se souvenir du 4 Septembre, des journées du siège et du 18 mars, nous allons donner la grande leçon de prairial de l'an 79 !

Ouvrons nos rangs à ceux que les Versaillais ont enrôlés de force et qui veulent s'unir à nous pour défendre la Commune, la République, la France. Mais pas de pitié pour les traîtres, pour les complices de Bonaparte, de Favre et de Thiers. Tout le monde aux barricades. Tous doivent travailler, de gré ou de force même, à les construire ; tous ceux qui peuvent manier un fusil, pointer un canon ou une mitrailleuse doivent les défendre.

Que les femmes elles-mêmes s'unissent à leurs frères, à leurs pères et à leurs époux. Celles qui n'auront pas d'armes soigneront les blessés et monteront des pavés dans leurs chambres pour écraser l'envahisseur. Que le tocsin sonne ; mettez en branle toutes les cloches et faites sonner tous les canons, tant qu'il restera un seul ennemi dans nos murs. C'est la guerre terrible, car l'ennemi est sans pitié : Thiers veut écraser Paris, fusiller ou transporter tous nos gardes nationaux ; aucun d'eux ne trouvera grâce devant ce proscripteur souillé par toute une vie de crimes et d'attentats à la souveraineté du peuple. Tous les moyens sont bons pour lui et pour ses complices. La victoire complète est la seule chance de salut que nous laisse cet ennemi implacable. Par notre accord et notre dévouement, assurons la victoire. Aujourd'hui, que Paris fasse son devoir; demain, la France entière l'imitera.

Le Comité de salut public.

(Proclamation n° 1).

3 prairial an 79

Soldats de l'armée de Versailles,

Le peuple de Paris ne croira jamais que vous puissiez diriger contre lui vos armes quand sa poitrine touchera les vôtres; vos mains reculeraient devant un acte qui serait un véritable fratricide. Comme nous, vous êtes prolétaires ; comme nous, vous avez intérêt à ne plus laisser aux monarchistes conjurés le droit de boire votre sang comme ils boivent vos sueurs. Ce que vous avait fait au 18 mars, vous le ferez encore, et le peuple n'aura pas la douleur de combattre des hommes qu'il regarde comme des frères et qu'il voudrait voir s'asseoir avec lui au banquet civique de la Liberté et de l'Egalité. Venez à nous, frères, venez à nous; nos bras vous sont ouverts.

(Proclamation n° 2).

Le peuple de Paris aux soldats de Versailles

Frères, l'heure du combat des peuples contre leurs oppresseurs est arrivé! N'abandonnez pas la cause des travailleurs! Faites comme vos frères du 18 mars! Unissez-vous au peuple, dont vous faites partie! Laissez les aristocrates, les privilégiés, les bourreaux de l'humanité se défendre eux-mêmes, et le règne de la justice sera facile à établir. Quittez vos rangs! Entrez dans nos demeures.

Venez à nous, au milieu de nos familles. Vous serez accueillis fraternellement et avec joie. Le peuple de Paris a confiance dans votre patriotisme.

Vive la République! vive la Commune!

3 prairial an 79.

La Commune de Paris.

Que tous les bons citoyens se lèvent! Aux barricades! l'ennemi est dans nos murs! Pas d'hésitation! En avant pour la République, pour la Commune et pour la liberté! aux armes!

Paris, le 3 prairial an 79.

Le Comité de salut public.

Le Comité de salut public autorise les chefs de barricades à requérir les ouvertures des portes des maisons, là où ils le jugeront nécessaire ; à réquisitionner pour leurs hommes tous les vivres et objets utiles à a défense, dont ils feront récépissé et dont la Commune fera état à qui de droit.

Paris, 3 prairial an 79.

Le membre du Comité de salut public,
G. RANVIER.

Le citoyen Millière, à la tête de 150 fuséens, incendiera les maisons suspectes et les monuments publics de la rive gauche. Le citoyen Dereure, avec 100 fuséens, est chargé du 1er et du 2e arrondissement. Le citoyen Billioray, avec 100 hommes, est chargé des 9e, 10e et 20e arrondissements. Le citoyen Vésinier, avec 50 hommes, est chargé spécialement des boulevards de la Madeleine à la Bastille. Ces citoyens devront s'entendre avec les chefs de barricades pour assurer l'exécution de ces ordres.

DELESCLUZE, RÉGÈRE, RANVIER, JOHANNARD, VÉSINIER, BRUNEL, DOMBROWSKI.

Paris, 3 prairial an 79.

Citoyens,

Les Versaillais doivent comprendre, à l'heure qu'il est, que Paris est aussi fort aujourd'hui qu'hier. Malgré les obus qu'ils font pleuvoir jusqu'à la porte Saint-Denis, sur une population inoffensive, Paris est debout, couvert de barricades et de combattants! Loin de répandre la terreur, les obus ne font qu'exciter davantage la colère et le courage des Parisiens! Paris se bat avec l'énergie des grands jours! Malgré tous les efforts désespérés de l'ennemi, depuis hier, il n'a pū gagner un pouce de terrain.

Partout, il est tenu en échec; partout où il ose se montrer, nos canons et nos mitrailleuses sèment la mort dans ses rangs. Le peuple, surpris un instant par la trahison, s'est retrouvé; les défenseurs du droit se sont comptés, et c'est en jurant de vaincre ou de mourir pour la République qu'ils sont descendus en masse aux barricades! Versailles a juré d'égorger la République: Paris a juré de la sauver! Non! un nouveau 2 Décembre n'est plus possible, car, fort de l'expérience du passé, le peuple préfère la mort à la servitude. Que les hommes de Septembre sachent bien ceci : le peuple se souvient. Il a assez des traîtres et des lâches qui, par leurs défections honteuses, ont livré la France à l'étranger.

Déjà les soldats, nos frères, reculent devant le crime qu'on veut leur faire commettre.

Un grand nombre d'entre eux sont passés dans nos rangs.

Leurs camarades vont suivre en foule leur exemple.

L'armée de Thiers se trouvera réduite à ses gendarmes. Nous savons ce que veulent ces hommes et pourquoi ils combattent. Entre eux et nous, il y a un abîme! Aux armes! du courage, citoyens, un suprême effort et la victoire est à nous! Tout pour la République! Tout pour la Commune!

Le comité central donne une dernière proclamation dans laquelle il propose aux hommes égarés qui attaquent la Commune d'arrêter l'effusion du sang, tout en sauvegardant les droits légitimes que Paris a conquis : 1° l'Assemblée nationale, dont le rôle est terminé après la signature de la paix, de se dissoudre ; 2° la Commune se dissoudra également et une nouvelle Assemblée sera élue par la France entière.

Voici, pour terminer, le résumé de l'ordre du jour donné par le chef d'état-major général, Ch. Corbin :

En résumé, l'armée réunie à Versailles avait, en un mois et demi, vaincu la plus formidable insurrection que la France ait jamais vue. Nous avons accompli des travaux considérables, creusé plus de 40 kilomètres de tranchée, élevé 80 batteries armées de 350 pièces de canon. Nous nous étions emparés de cinq forts armés d'une manière formidable, et défendus avec opiniâtreté, ainsi que de nombreux ouvrages de campagne.

L'enceinte de la place avait été forcée et l'armée avait constamment avancé dans Paris, en levant tous les obstacles, et, après huit jours de combats incessants, les grandes forteresses de la Commune, toute ses barricades étaient tombées en notre pouvoir.

L'incendie des monuments avait été conjuré ou éteint, et d'épouvantables explosions avaient été prévenues.

L'insurrection avait subi des pertes énormes ; nous avions fait 25,000 prisonniers, pris 1,500 pièces de canons et plus de 400,000 fusils.

Les guerres de rue sont généralement désastreuses et excessivement meurtrières pour l'assaillant ; mais nous avions tourné toutes les positions, pris les barricades à revers, et nos pertes, quoique sensibles, ont été relativement minimes, grâce à la sagesse et à la prudence de nos généraux, à l'élan, à l'intrépidité des soldats et de leurs officiers.

Les pertes, pour toute la durée des opérations, s'élèvent à :

Officiers : tués ou blessés............ 513
Troupe............................. 7.000

Ces chiffres sont-ils exacts ? c'est ce que l'avenir nous apprendra.

Il y a eu dans la Commune certains membres, comme Delescluze et autres, qui ont tenu leur parole, en se faisant tuer sur les barricades tandis que d'autres avaient déjà passé la frontière avant la chute définitive de la Commune.

Il est temps de quitter cette triste révolution, car la fin a semé la mort dans tout Paris.

Quel exemple pour les nouvelles générations.

Plus de vingt cinq mille fédérés ont été tués dans le combat ou fusillés après le combat.

La capitale a été noyée dans le sang.

Le châtiment a été terrible et douloureux en même temps. Mais nous osons espérer que ces plaies. pour si grandes qu'elles soient, viendront à se fermer afin que tout ce sang ne soit pas perdu en vain pour le bonheur de la France.

CONCLUSION

~~~~~~~~

NAPOLÉON III

Le Crime puni

Nous avons vu que la République de 1848 a été assassinée par celui-là même qui avait juré de la protéger et de la défendre envers et contre tous, comme président de cette même République, et ce, pour devenir Napoléon III, empereur des Français.

Que la déclaration de guerre à la Prusse a été faite le 19 juillet 1870, et que la première bataille n'a eu lieu que le 4 août 1870.

Je demande à tout homme de bon sens s'il est possible de déclarer une guerre sans que l'armée soit sur la frontière, prête à s'élancer pour prendre l'offensive et faire immédiatement l'invasion ? Il n'y avait pas d'autres moyens de sortir vainqueur de cette lutte.

Tandis que, d'un côté, non-seulement nos armées n'étaient pas prêtes, non-seulement elles n'étaient pas sur nos frontières, huit jours après, nous avons vu défiler sur les boulevards la garde impériale se rendant sur le théâtre de la guerre. De plus, huit jours après la première bataille (4 août 1870), le général Vinoy part avec une armée de réserve; seulement, il arrive trop tard !

L'empereur part vers le 2 août, en emmenant avec lui tellement de bagages, qu'ils encombrent les voies et chemins de fer, et qu'ils deviennent un obstacle réel pour l'armée.

Pourquoi ces bagages? L'impératrice avait été nommée régente; par conséquent, il pouvait les laisser aux Tuileries. Il devait, probablement, pressentir qu'il ne devait pas revenir, et voilà pourquoi il emmenait avec lui tout ce qu'il put prendre aux Tuileries.

Aussi, se voyant vaincu à la bataille de Sedan, il n'y va pas par quatre chemins; il fait arborer le drapeau parlementaire pour se rendre à discrétion et sans restriction aucune.

Le malheureux offre son épée au roi Guillaume.

Il n'eut pas le courage de se mettre à la tête de son armée et de se faire tuer au champ d'honneur !

Il reçut tous les outrages, que personne au monde n'aurait pu accepter ; car lorsqu'il présenta son épée au roi Guillaume, celui-ci, avec un geste de la main, lui dit :

« Je n'accepte pas une épée qui est encore vierge. »

On lui fit traverser le champ de carnage, où il vit les soldats de la France, les uns morts, les autres râlant. Ils étaient là plus de 30,000, couchés à jamais dans l'éternité! De plus, on le fit encore passer au milieu de 90,000 prisonniers français avec tout le matériel de guerre. Il était, lui, dans une calèche découverte, accompagné de quelques généraux, fumant sa cigarette.

Lâcheté! infamie! horreur!

Non! cet être-là n'était pas un homme; c'était un monstre!

Voilà sa punition, laquelle fut terrrible, inexorable, mais juste.

Le 9 janvier 1873, il mourait en exil de sa maladie désignée sous le nom de : pierre!

Son oncle, lui, était mort aussi en exil, sur un rocher!

Bilan de l'Empire

Napoléon III, aussitôt établi sur le trône, déclare la guerre; il avait dit à Bordeaux : « l'Empire, c'est la paix! » et, sans nécessité, sans utilité même, il envoie une armée en Crimée.

L'empereur de Russie avait négligé de l'appeler « mon très cher frère »; cet oubli coûta à la France 100,000 de ses enfants et 1 milliard 700 millions.

Après Crimée, l'Italie. Cette fois, la France en est quitte pour 40,000 hommes et 500 millions.

Mais, à notre frontière, nous avions fondé une grande puissance, que les maladresses successives de l'empire devaient jeter à l'heure fatale dans les bras de nos ennemis.

Les guerres se succèdent. Et pourquoi l'empire s'arrêterait-il ? A-t-il à subir un contrôle ? Non. Peut-il, dans cette cour, s'élever une voix sincère, pour montrer les impôts croissants, l'Europe inquiète, la chute prochaine ?

Syrie, Chine, Cochinchine, Mentana !

Le Mexique, « la plus grande pensée du règne », le Mexique qui montre notre faiblesse, le Mexique qui aurait pu, au moins, apprendre comment un souverain doit mourir.

Enfin, la guerre de Prusse, si follement entreprise, qui ramène l'étranger sur notre sol, et prouve aux plus incrédules que Napoléon III est bien le successeur de Napoléon 1er.

Voilà l'histoire de ce glorieux règne.

Le Budget des guerres

La guerre de Crimée a coûté, d'après le rapport officiel d'une commission présidée par M. Baroche.......................... 1.700.000.000

La guerre d'Italie a coûté, d'après le *Journal officiel*.... 519.667.877

La guerre du Mexique a coûté (*Moniteur* du 25 juin 1867) :

En 1861.......	3.200.000	
En 1862.......	63.400.000	
En 1863.......	97.619.000	
En 1864.......	69.074.000	363.155.000
En 1865.......	41.405.000	
En 1866.......	65.147.000	
En 1867.......	25.310.000	

à reporter 521.822.877

report...............	521.822.877	
La Syrie, la Chine, la Cochinchine, Mentana............	600.000.000	

La guerre de Prusse a coûté :

Dépenses de guerre......	2.000.000.000	
Payé par les départements	1.000.000.000	
De rançon....	5.000.000.000	
De ruines.....	3.300.000.000	
Total.....	11.300.000.000	11.300.000.000
	Total général......	14.482.822.877

Quatorze milliards quatre cent quatre-vingt-deux millions huit cent vingt-deux mille huit cent soixante-dix-sept francs.

Plus, 400,000 hommes tués. Quelle bécatombe humaine !

Et deux de nos provinces, l'Alsace et la Lorraine, violemment séparées de la mère patrie !

Le meurtre — ou le coup d'Etat — d'abord, la dette, le despotisme, puis l'invasion et le démembrement.

J'oubliais encore, sous forme de liste civile, la dotation, etc.; l'empereur, sa famille, ses complices ont reçu, en dix-huit ans, 1 milliard 170 millions.

Si un troisième empire était possible, que pourrait-il bien nous coûter ?

On se demande, après ce que l'on vient de lire, s'il peut encore exister un parti bonapartiste ? Oui, ils osent encore, de temps en temps, relever la tête! car ils sont sans entrailles.

C'est bien fini pour eux, la France n'en veut plus; elle a été assez outragée, humiliée. La nouvelle génération maudira, encore bien davantage, cette race de Napoléon, lorsqu'elle apprendra la vérité sur cette triste histoire.

La postérité en aura une horreur profonde et elle sera maudite pour l'éternité!

C'est là que sera son suprême châtiment.

MARÉCHAL BAZAINE

Trahison

Vous ne trouverez pas dans l'histoire ancienne ni moderne, dans n'importe quel pays, un homme aussi criminel que celui-là. Il était bien le digne serviteur de son maître.

Nous savons comment, par suite d'une faute inexplicable, l'armée de Bazaine et celle de Mac Mahon, furent séparées en deux : celle de Bazaine rejetée sous Metz et celle de Mac Mahon à Sedan; cette dernière ayant été complètement défaite, l'empereur rendit son épée.

Bazaine se renferma dans Metz avec une armée de plus de 100,000 hommes. Cette armée fut complètement cernée par les Prussiens.

Le gouvernement de la Défense nationale fit parvenir à Bazaine, commandant en chef de cette armée, les nouvelles qui avaient surgi en

France, notamment la proclamation de la République, par suite de la déchéance de l'empire, attendu que l'empire avait abdiqué en rendant son épée. Le gouvernement fit appel à son patriotisme pour sauver la France en gardant son armée intacte.

Mais Bazaine ne connaissant que son empereur : périsse plutôt la France que son gouvernement ! voulut négocier la paix avec l'Allemagne, afin de revenir avec son armée pour replacer l'empereur aux Tuileries.

Le comte de Bismarck lui promit tout, et lorsque la reddition de la place eut lieu, ce dernier envoya promener le maréchal.

Ce maréchal de France s'aperçoit de la fausse route qu'il avait faite et pour la réparer, il ne fait qu'une chose bien simple : la capitulation !

Il livra toute son armée, avec toutes les armes et munitions, et, ce qu'il y a de plus honteux à dire, les étendards et les drapeaux de toute son armée !

C'est-à-dire sa patrie ! la France !!!

Bazaine fut arrêté et traduit devant le conseil de guerre à Versailles.

Ce procès dura plusieurs jours et eut un retentissement mérité dans le monde entier. Il a fait ressortir un des plus grands forfaits que l'histoire ait jamais enregistré.

Bazaine, maréchal de France, fut, à l'unanimité, condamné à la peine de mort.

Cette sentence, au lieu d'être exécutée comme elle devait l'être pour l'honneur militaire, fut commuée en celle de l'emprisonnement perpétuel.

Mais le peuple français s'attendait, tout au

moins, que le condamné subirait cette dernière peine. Quelques mois après, le condamné à mort, puis plus tard à perpétuité, trouva que l'emprisonnement était une chose qui n'était pas faite pour lui, il prit la clef des champs.

Il faut dire que le chef de l'Etat était en ce moment-là son compagnon d'armes, le vaincu de Sedan : le maréchal de Mac Mahon !

Je laisse cette honteuse histoire pour que d'autres personnes aient le soin d'en faire justice.

MARÉCHAL DE MAC MAHON
(DUC DE MAGENTA)

Ce maréchal de France n'a pas commis de crime; seulement, il a été à la veille d'en commettre un, et s'il ne l'a pas commis, c'est qu'il n'a pas pu. On peut dire de lui : c'est un incapable !

Son devoir était, au lieu de se faire écraser à Sedan, soit d'aller secourir Bazaine, soit de venir sur Paris, afin de protéger la France; en se conformant à ce devoir, il l'aurait sauvée.

Son armée ayant été faite prisonnière, il cède son commandement au général Wimppfen pour que ce dernier capitule à sa place.

Thiers, par une faiblesse impardonnable, le nomma plus tard, en 1871, commandant en chef des armées qui devaient combattre la Commune. N'ayant pas su vaincre les Allemands, il sut vaincre la Commune.

La réaction, après la libération du territoire, ayant fait tomber Thiers du pouvoir, pour le remercier de ce qu'il avait bien mérité de la patrie, nomma à sa place, comme président de la République, le maréchal de Mac Mahon, duc de Magenta.

Nous savons qu'une fois président de la République, d'accord avec le duc de Broglie, il chercha par tous les moyens possibles à jeter bas la République. Il avait aussi juré qu'il irait jusqu'au bout. Mais Gambetta, dans un de ses discours à jamais mémorable, lui avait répondu qu'il fallait se soumettre ou se démettre. Ne voulant se soumettre ou se démettre, Gambetta fut traduit en police correctionnelle.

Enfin, il est arrivé que le maréchal de Mac Mahon, duc de Magenta, a donné sa démission, et que, depuis, nous n'entendons plus parler de lui.

Encore un dévoué de l'empire!

COLONEL DENFERT-ROCHEREAU

J'ai parlé, à la fin du siège de Paris, de ce grand nom si cher à la France et à la République.

Il a été le seul qui n'ait pas capitulé, comme officier supérieur.

Si Thiers a pu conserver notre dernier rempart contre l'invasion allemande, c'est par suite de l'héroïsme de ce vaillant soldat. Il sut donner à sa garnison le fluide du patriotisme.

Plutôt mourir que de rendre, disait-il, le dépôt

sacré que le gouvernement a remis entre mes mains.

Aussi la reconnaissance de la France sera éternelle.

COLONEL LAPERCHE

Ce colonel bonapartiste commet cette bévue de télégraphier aux Prussiens le plan de la bataille qu'on allait leur livrer.

GÉNÉRAL DE FAILLY

Le général de Failly, bonapartiste, qui joue au billard pendant que les Prussiens cernent son armée et lorsque les soldats mangent leur soupe. Les Prussiens mettent en déroute sa division.

GÉNÉRAL DUCROT

Le général Ducrot, élevé aussi sous le régime de l'empire, devait rentrer dans Paris mort ou victorieux. Comme nous l'avons déjà dit, il n'est rentré ni mort ni victorieux.

GÉNÉRAL VINOY

Ce général, un des fidèles du coup d'Etat en décembre 1851, opérant en province, aujourd'hui encore grand chancelier de la Légion d'honneur, prit le commandement en chef de Paris, suivant un accord entre lui et Trochu, pour capituler à la place de ce dernier.

GÉNÉRAL TROCHU

Le général Trochu, qui ne devait jamais capituler, capitule nécessairement. Encore un incapable de l'Empire.

Ces trois derniers généraux, Ducrot, Vinoy et Trochu, ont d'abord cru, au commencement, que Bazaine ferait la paix au nom de l'Empire, et qu'une fois la paix faite, il ramènerait l'empereur aux Tuileries.

Bazaine ayant capitulé, n'ont-ils pas pu tenir ce langage :

Si nous repoussons l'étranger, la République aura une auréole de gloire; elle sera immortelle; tandis que si nous succombons et si nous arrivons à une capitulation, nous conserverons l'espoir d'une restauration monarchiste.

Voilà la vérité. J'y crois en mon âme et conscience; les faits parlent assez haut pour le prouver, car nous avons vu comment, sous le ministère de Broglie (16 mai), ce même général Ducrot était prêt à faire marcher ses troupes et à se prêter à un coup d'Etat pour renverser cette République.

Pour moi, ces hommes ont été traîtres à la patrie, et, de plus, ils ont entraîné les membres du gouvernement de la défense de Paris. Ces derniers n'ont pas su prendre les décisions que comportaient les circonstances, en les faisant traduire devant un conseil du guerre.

DÉFENSE NATIONALE

Les membres de la Défense nationale de Paris étaient insuffisants et incapables de gouverner dans un moment aussi critique que celui-là. Ils n'avaient pas et n'ont pas eu l'énergie nécessaire pour vaincre les Allemands ; des mesures suffisantes n'ont pas été prises à cet effet. En un mot, ils n'ont pas su s'élever à la hauteur de leurs devoirs.

On peut leur pardonner ; mais les absoudre, jamais !

De la Défense nationale, à part ses membres, on peut dire ceci :

« Nous étions sans appui, nous étions seuls en face de notre désastre ; seuls nous avons eu raison de cette situation sans exemple ; seuls nous nous sommes relevés. Nous avions pour nous la plus grande force qu'une nation puisse invoquer au jour de détresse : la force morale d'un pays vaincu, mais qui ne s'est pas abandonné lui-même. Un peuple qui lutte, un peuple qui se défend quand même, un peuple qui subit les lois de la force, mais qui ne les accepte pas, un tel peuple peut être battu, mais il n'est jamais réduit, parce qu'il n'a pas abdiqué. »

Ce qui nous a sauvés, ce qui a préparé notre résurrection, ce sont les âmes ardentes qui n'ont pas désespéré de la patrie française, les soldats qui ont, comme Denfert, lutté sans défaillance et espéré contre l'espérance même.

GAMBETTA

Ce nom est cher à la République.

Gambetta a mis toute son âme pour lever les armées de province. Il a rendu assez de services à la démocratie pour lui rendre ici un éclatant hommage.

Son nom ne périra pas, et la patrie lui en sera toujours reconnaissante.

L'espoir que nous pouvons conserver de lui, c'est que sa carrière politique ne soit pas encore terminée, et ce pour le bonheur de la France.

THIERS

Son plus grand titre de gloire est et sera sa libération du territoire français.

Il a bien mérité de la patrie.

Thiers a aimé la France, a été un honnête homme et un grand patriote à la fin de sa carrière.

Il lui sera beaucoup pardonné, ayant beaucoup aimé notre chère patrie !

COMMUNE

D'après ce qui s'est passé, on ne peut nier que, lorsque le Comité central a pris le gouvernement, après l'affaire du 18 mars, presque toute la population parisienne était portée à subir la révolution qui venait d'éclater; car elle comprenait que la garde nationale voulait seulement maintenir la République avec toutes ses conséquences, et qu'elle n'irait pas plus loin. Mais lorsqu'elle a compris que le Comité central voulait se retirer pour faire place à la Commune avec un drapeau autre que celui de la France, avec le programme socialiste, l'enthousiasme a diminué, et, dès lors, cette révolution était condamnée.

Car le Comité central, pour se décharger d'un fardeau trop lourd pour lui, a demandé la nomination de la Commune (ceci a été la perte réelle de la révolution); ce jour-là, toutes les revendications justes étaient perdues et ne pouvaient aboutir. La Commune devenait, par ce fait, complètement inopportune et n'avait plus sa raison d'être, car il était trop tard. Elle devenait la complice de l'Allemagne, c'est-à-dire de l'étranger.

Sans doute, la population parisienne demandait un châtiment exemplaire pour les hommes qui avaient mis la France dans l'abîme, et elle demandait aussi que la République fût définitivement assise pour fermer à jamais l'ère des révolutions. Car elle comprenait aussi que l'Assemblée nationale étant antirépublicaine, elle cherchait par tous les moyens possibles à la renverser pour mettre à sa place la royauté. Le fait est réel, on ne peut le nier; il est inutile d'insister davantage.

Aussi, il peut y avoir des personnes qui réprouvent la Commune, donnant pour raison que c'était un crime horrible que de prendre les armes en face de l'ennemi, et sous cette autre considération, plus grande encore, de faire la guerre civile en face de l'étranger.

Elle aurait dû, lorsque les gardes nationaux étaient partis pour aller à Versailles renverser le gouvernement et qu'ils n'avaient pu réussir à franchir les lignes, abandonner une telle lutte. Cette lutte devenait onéreuse pour la France entière. La Commune donnait au monde le plus grand exemple de patriotisme et d'abnégation. Tandis que, malheureusement, malgré les provocations du gouvernement de Versailles, elle a à se reprocher sa fin lamentable, qui s'est terminée par le massacre, le sang et l'incendie.

Dans ces conditions, il est évident que, d'un autre côté, il existe des circonstances atténuantes, car les membres de la Commune ont été les élus, non point de l'insurrection, mais de l'immense majorité des électeurs parisiens. Ces élections ont eu lieu en vertu d'un compromis signé par les maires et adjoints, ainsi que des députés de Paris, compromis approuvé tacitement, pour ne pas dire plus, par M. Thiers.

Ici encore l'histoire appréciera.

Il y a eu, dans cette Commune, des âmes ardentes et des cœurs très sincères, qui ont combattu pour sauver la République, qui était en danger.

Et la République a été maintenue par cette raison bien simple, c'est que la Commune, explosion populaire, n'est sortie de ses entrailles que par une souffrance d'un siège et d'une guerre à jamais maudite. Si Thiers a pu vaincre la Commune, ce n'est qu'en promettant de conserver la République.

Je rappellerai en quelques mots que, lors de la Commune, des délégués de la plus grande partie des villes et communes de France vinrent trouver à Versailles le chef du pouvoir exécutif (M. Thiers), en lui demandant si, en combattant la Commune et si elle venait à être vaincue, il donnait sa parole d'honneur de maintenir la République. Car, ajoutèrent-ils, s'il en était autrement, toute la province se lèverait contre vous et l'Assemblée pour vous renverser. Thiers donna sa parole d'honneur de la maintenir. Les délégués se retirèrent et donnèrent l'assurance à leurs concitoyens du maintien de la République. Voilà comment Thiers put vaincre la Commune.

Ceci est un fait historique qu'on ne peut nier, puisque Thiers l'a répété à la tribune en disant aux monarchistes :

« J'ai donné ma parole. Que seriez-vous devenus sans cela ? »

Donc, j'ai raison de dire que la Commune a sauvé la République.

Ce général, dont je ne me rappelle plus le nom, n'a-t-il pas dit, dans l'enquête sur la Commune, ceci :

« Si on avait employé ces mêmes hommes contre les Prussiens, la victoire était certaine. »

Voici ce que Lockroy, député, a écrit sur la répression de la Commune, dans le journal le *Rappel* :

« Le sang a été versé d'une manière épouvantable. Le Père-Lachaise garde ses morts. Combien sont tombés sur les barricades, combien ont été tués après le combat?

» Le nombre des fusillés est inconnu; ont-ils été 15,000, 20,000 ? les opinions varient. Personne ne peut le dire d'une façon précise. La hâte avec laquelle les cadavres ont été empilés dans les fosses a empêché de compter; selon l'expression de Thiers : « la capitale a été noyée dans le sang ».

Eh bien, ce roi, elle ne l'a pas eu. Mais Paris a eu ses cadavres ; ils ont encombré pendant un temps les carrières d'Amérique, les terrains vagues. On les enfouissait partout. On en a caché sur les berges de la Seine et sous les trottoirs des rues ; sur ceux qu'avait faits la bataille, on a empilé ceux qu'avaient faits les cours martiales.

Il était cependant facile d'éviter le second siège et la répression. Mais non. L'Assemblée nationale a voulu la répression et le second siège. Paris lui paraissait un obstacle au rétablissement de la royauté, et, pour rétablir la royauté, elle n'hésitait pas à supprimer Paris. Vingt mille cadavres lui semblaient suffisants pour faire un roi.

Que, dans le paroxysme d'horreur de la dernière lutte, parmi les derniers défenseurs de la Commune, serrés, traqués dans une énorme battue, enveloppés dans un cercle de massacre, voués d'avance à une mort à peu près certaine, puisque l'ordre était donné de fusiller tous les prisonniers pris les armes à la main, il se soit trouvé des hommes que l'ivresse terrible du désespoir a jetés dans une rage aveugle de destruction, c'est, hélas ! de l'histoire. Sans chercher (ce qui sera plus tard éclairci en partie) quelle part revient à l'insurrection dans ces excès, quelle part est due, soit aux coquins sans parti politique qui profitent de tous les troubles, soit aux agents des partis opposés qui ont essayé d'exploiter le mouvement, tout homme de bon sens reconnaîtra qu'il est absurde de qualifier les hommes d'après l'entraînement qui se produit dans la guerre.

Les femmes du monde ne se sont-elles pas laissé entraîner contre les prisonniers, sur les boulevards de Versailles, à des violences inouïes, qui ne se voient guère en temps normal ?

Combien n'a-t-on pas fusillé d'êtres innocents ?

Il y a eu 4,200 condamnés par les conseils de guerre.

Voici la position de ces condamnés au 30 novembre 1879 :

Le gouvernement a fait porter l'amnistie sur 3,065 ; ce nombre comprend à la fois les détenus et les contumax. Ces 3,065 ont été amnistiés par onze décrets collectifs dont voici l'énumération par mois :

Mars 1879.....	4 décrets.	425 amnistiés.
Avril 1879.....	4 —	1.640 —
Mai 1879......	2 —	775 —
Juin 1879......	1 —	225 —
Total....	11 décrets.	3.065 amnistiés.

Ces 3,065 amnistiés comprennent environ 1,700 contumax et 1,300 déportés.

Il restait en dehors de l'amnistie, au moment où la loi a cessé d'avoir un effet, 1,100 à 1,150 condamnés, tant contumax que détenus. Postérieurement à la loi d'amnistie, du 5 juin dernier jusqu'à ce jour, un certain nombre de grâces ont été accordées.

Défalcation faite des grâces de cette espèce qu

sont, d'ailleurs, en petit nombre, il reste environ 1,000 exclus de l'amnistie, tant contumax que détenus.

Le ministère de la justice classe ces 1,000 exclus de la manière suivante :

550 ont été l'objet de condamnations de droit commun antérieurement aux événements de la Commune ;

250 ont été condamnés pour participation à la Commune, mais comme ayant commis des crimes de droit commun ;

Le reste, enfin, c'est-à-dire un nombre variant entre 200 et 250, n'a été l'objet que de condamnations ayant un caractère politique ; mais ce sont ceux que le ministère actuel a voulu, sous sa responsabilité, exclure de l'amnistie par des motifs politiques qu'il n'a pas fait connaître. Dans cette dernière catégorie sont compris les anciens membres de la Commune et les hommes qui, comme Rochefort, n'ont joué qu'un rôle exclusivement politique.

Il serait temps que le pardon vînt effacer les dernières traces de nos discordes civiles. Le gouvernement aurait raison et ferait acte de bonne politique.

Voici ce que M. Brisson, député de Paris, a dit à ce sujet dans son discours prononcé le 24 novembre 1879, en rendant compte de son mandat à ses électeurs :

« En ce qui concerne l'amnistie, le gouvernement avait été extrêmement large dans l'application de son droit de grâce ; mais, au lieu de supprimer la question, comme il le fallait, par une amnistie complète, il n'a fait en quelque sorte que rendre la question plus ardente. J'ai voté l'amnistie, e la voterai encore ; mais je veux que ce vote n'ait absolument rien d'équivoque pour personne. J'ai été et je demeure l'adversaire absolu de la Commune, dont le triomphe, s'il avait été possible, n'aurait pas été autre chose que le rétablissement de l'empire par l'intervention d'une force étrangère. »

Je termine cette triste histoire avec l'espérance que la France n'aura plus à traverser de pareilles crises, car ayant la République, c'est le seul gouvernement, comme a dit Thiers, qui divise le moins ; par conséquent, plus de révolutions !

ALLEMAGNE

Nous avons vu, d'après des faits indiscutables, qu'un gouvernement despotique avait déclaré la guerre à l'Allemagne, on ne sait pourquoi ni comment, avec une armée de 260,000 hommes, contre une autre armée ayant plus d'un million d'hommes.

La France, dans ce duel inégal, a été vaincue.

Il était juste et équitable de payer les frais de la guerre avec une indemnité de plusieurs milliards.

Mais que le roi de Prusse, après avoir déclaré qu'il ne faisait la guerre qu'à l'empire et non à la France, soit arrivé sur notre sol ravager nos villes et nos campagnes, en nous mettant le couteau sur la gorge par suite de l'impéritie de nos généraux, en nous demandant deux de nos plus belles provinces et cinq milliards d'indemnité, cela ne peut se pardonner, ni s'oublier. Il ne peut y avoir qu'un même cri : Vengeance !

Les Allemands n'ont pas pu prendre une seule

de nos forteresses qu'en en faisant le siège, avec la pensée de faire mourir les populations de faim ; ne pouvant y réussir, ils bombardaient les villes, ce dont il n'y a pas d'exemple dans les annales de la guerre.

Ils ont assiégé Paris, croyant d'abord s'en rendre maîtres par un coup de force ; ne pouvant y parvenir, ils ont cru que la faim amènerait la capitulation. La faim n'ayant pu dompter cette population si héroïque, ils n'ont trouvé rien de mieux que de la bombarder.

L'indignation s'empare de votre âme, car on frémit d'horreur, lorsqu'on sait que des milliers d'êtres humains ont péri, victimes d'une pareille infamie ! Rien n'a été épargné, ni les hôpitaux, ni les ambulances, ni les écoles, ni nos monuments. Ils ont tellement lancé des obus et des projectiles de toute sorte sur les forts et sur Paris, qu'on ne peut en évaluer le nombre.

Chose incroyable et inhumaine, c'est que le bombardement a eu lieu aussi bien la nuit que le jour. Il a duré un mois entier.

Voilà leur gloire !

Ah ! Allemagne, fais attention, aujourd'hui la France se réveille ; son armée commence à être prête; elle t'opposera, cette fois-ci, autant d'hommes que tu peux en avoir. La victoire, dans ces conditions, n'est pas douteuse pour la France. Car tu la connais, cette France, qui, sans armée, t'a livré des combats gigantesques, tu as pu compter le nombre de tes soldats morts qui sont restés sur la terre française. Tu sais aussi que si tu n'avais pas eu le nombre, tu étais anéantie jamais !

La France veut ardemment la paix, mais à une condition seulement, et cette condition, la voici :

Il faut que tu restitues les deux provinces que tu as prises de force, sans même consulter les populations, suivant les lois modernes. C'est le moyen le plus honorable de tous, afin d'épargner à ton peuple les horreurs de la guerre.

La France a été trop humiliée, elle a trop souffert et elle ne peut avoir à côté d'elle, dans son sein même, une nation qui l'enserre comme dans un étau. C'est un défi perpétuel jeté à son génie, à sa puissance !

Elle ne le supportera pas longtemps, crois-le bien !

Dans le cas où tu ne voudrais pas rendre ces deux provinces par la paix, tu payerais cher tes lauriers. Ton entêtement deviendrait ridicule, car comment pourrais-tu tenir ce grand peuple sous ta tutelle ?

Tu sais bien que, même en ce moment-ci, la France est, par la force des choses, la camisole de force de M. de Bismarck, car cette Allemagne pacifique se consume dans la fièvre des armements.

Arrière ! tu n'as pas, comme la France, le flambeau de l'univers !

La vengeance serait terrible, parce qu'elle se souvient de tes horreurs, de la mort de ses enfants, de tes incendies, des maisons jetées par terre, des propriétés détruites et de toutes les souffrances qu'elle a eu à subir résultant de ton fait.

Tu ne peux toujours traîner ce boulet à ton pied (l'Alsace et la Lorraine), lequel te ferait bientôt périr.

Lorsqu'on aura lu ces pages d'histoire, comment veux-tu que tout cœur français ne se soulève pas et ne jette pas le cri de vengeance? L'âme en sera remplie ; elle nous poursuivra partout, jusqu'à ce que nous ayons reçu pleine et entière satisfaction, soit par la paix, soit par la guerre.

Il faut que justice soit faite.

LA RÉPUBLIQUE

La République existe depuis neuf ans ; elle marchera et elle vivra.

Elle est arrivée, portée par cette puissance qui n'a de vague que son nom : la force des choses; car elle est arrivée servie par l'épuisement des diverses formes de la monarchie : royauté absolue, royauté constitutionnelle, régime impérial ; elle est arrivée, recommandée à l'adoption de tous par le souvenir de ce grand fait, qu'il avait fallu recourir à elle chaque fois que la France touchait à la mort : témoin ces deux cris qui, en 1792, à l'apparition du manifeste de Brunswick, et en 1870, après le désastre de Sedan, s'échappèrent ensemble de tous les cœurs et se marièrent sur toutes les lèvres : « La patrie est en danger : vive la République ! »

Je n'ai pas à parler ni du parti des d'Orléans ni du parti de la légitimité, qui valent des états-majors sans armée.

En ce qui concerne le bonapartisme, il y a entre lui et la France le souvenir du premier empire, partant de l'attentat du 18 brumaire pour aboutir au désastre de Waterloo ; il y a le souvenir du second empire, commençant par le crime du 2 décembre pour finir par la catastrophe de Sedan ; il y a encore le souvenir de notre armée prisonnière, de nos drapeaux livrés, de notre capitale assiégée, de deux de nos provinces perdues et de l'entrée des Prussiens à Paris, et le souvenir de la Commune avec ses massacres et ses incendies.

Nous pouvons regarder avec confiance l'avenir, qui nous apportera la paix, le travail et la liberté !

Nous pouvons dire aussi, comme dans le Credo républicain :

> Je veux que le génie ait le sceptre du monde !
> Et que la liberté, cette mère féconde,
> Elève ses enfants pour un meilleur destin !

RÉPUBLIQUE UNIVERSELLE

Mon rêve, mon espérance, sera, si je le vois, — si ce n'est pas moi, ce sera la nouvelle génération : la République universelle !

Il est certain que tant qu'elle n'existera pas, la paix du monde sera toujours troublée, et qu'elle sera toujours à la merci d'un despote quelconque. Il est plus que probable qu'il faudra, peut-être, pour en arriver là, une guerre européenne. Cette guerre serait une guerre sainte, si, de ses entrailles, il pouvait sortir la rédemption du monde par la liberté ! Il est évident que la nuit se fera pendant quelque temps ; mais aussi un soleil radieux se lèvera sur la terre entière ; ses rayons bienfaisants se répandront partout ; l'esprit moderne sera triomphant et la paix sera assurée à jamais !

Maintenant, je dis au peuple de France :
Si tu ne veux pas laisser périr ta patrie, reste en

République, car avec elle tu n'auras plus de révolutions.

La génération a fondé par neuf années d'union, de sagesse, de patriotisme et de patience, la République définitive.

Le suffrage universel est le seul principe qui fonde, le seul qui rassure, étant à la fois la garantie et la stabilité du progrès. Avec le bulletin de vote, on a entre les mains l'arme pacifique; plus de récriminations. Vous le prenez dans vos mains souveraines, vous allez à la section de vote, comme un homme qui sait qu'il accomplit un devoir sacré; là, vous le déposez dans l'urne, et avec ce dépôt, vous pouvez arriver à transformer le gouvernement républicain au gré de vos désirs.

Puisque la majorité fait la loi (il ne peut en être autrement), vous n'avez plus le droit de prendre un fusil pour faire triompher vos idées. C'est à nous, si nous sommes ce que l'on appelle des radicaux (1), de faire, par nos votes, la parole, nos écrits, changer la minorité en majorité; dans ce cas, il arrivera que tantôt les républicains centre gauche seront à la tête du pouvoir, tantôt les républicains un peu plus avancés et tantôt, si vous le voulez bien, les radicaux. En un mot, nous serons dans la même situation que la Suisse ou l'Amérique. Hors de là, point de salut! jusqu'au jour où tous les hommes comprendront qu'il ne peut y avoir qu'une seule ligne droite en République, celle de la vouloir avec tous ses droits et tous ses devoirs.

---

(1) Je n'ai pas encore compris ce mot radical, car si vous êtes républicain, vous devez vouloir tout ce que comporte la République; et lorsqu'on est républicain, on doit vouloir toutes les libertés, c'est-à-dire tous être égaux devant la loi et pas de privilége pour personne.

Mais je dirai au peuple : N'écoute jamais les conseils perfides de ces charlatans qui viennent toujours faire luire à tes yeux des trésors imaginaires ; et lorsque ton âme est arrivée au dernier échelon, alors ils te poussent vers la révolte. Ils sont encore là, t'excitant toujours ; mais aussitôt que le moment est venu, ils se sauvent, te laissant fusiller, mitrailler ; si ce n'est la fusillade, c'est une autre condamnation, pis encore que la mort, celle du bagne, de la déportation ou de l'expulsion. Si nous, prolétaires, nous sommes des pères de famille, il faut laisser là femmes et enfants. Quelle horreur ! Quelle misère ! Le cœur se brise quand on songe à tous ces déchirements et à tous ces malheurs.

Souvenez-vous !

Que la nouvelle génération se rappelle !

Evitez, évitons tous de retomber toujours dans la même ornière : être les dupes des autres.

Le suffrage universel est là, heureusement, pour guérir toutes ces calamités.

Dans quelques années d'ici, l'exemple de la France fera réfléchir les peuples de toutes les nations, et la nécessité s'imposera tellement, que la République universelle sera implantée dans le monde entier.

Lorsque cette République universelle verra le jour, une fois que les despotes n'y seront plus, il sera très simple d'abolir les frontières. Tous les peuples vivront en fédération, ayant pour règle le suffrage universel. Chaque race se gouvernera elle-même, en nommant des représentants qui se réuniront au centre de l'Europe, soit à Constantinople ou ailleurs, pour discuter et trancher les différends qui pourraient survenir entre peuples.

Cette assemblée souveraine siégerait comme siège un tribunal ou une cour d'assises; l'arrêt qui serait rendu aurait nécessairement force de loi. Le peuple condamné devrait s'y conformer, sous peine d'y être contraint par la force.

Voilà le rêve de ma vie. J'y crois ardemment, parce que le progrès marche, marche toujours, et que personne au monde ne pourra le retarder. Je dirai aux réactionnaires, débris de l'ancien monde, comme disait naguère Louis Blanc dans l'un de ses discours, prononcé à la Chambre des députés :

« Vous pouvez empêcher le coq de chanter le matin, mais vous n'empêcherez pas le soleil de se lever! »

PAIX

Je vais montrer, par des chiffres irréfutables, combien la paix s'impose à l'Europe entière.

Le nombre d'hommes que les puissances européennes ont, en temps de paix, sous les armes :

La France	446.424
L'Allemagne	418.821
La Russie	447.378
L'Autriche	269.577
La Grande-Bretagne	228.624
L'Italie	217.949
La Suisse	120.077
L'Espagne	91.400
La Belgique	46 386
La Turquie	150.000

Pour dix Etats seulement, deux millions quatre cent soixante-six mille cent vingt-cinq hommes arrachés au travail et à l'étude.

En temps de paix! Et je ne compte pas les armées de réserve, les armées territoriales, les milices, les troupes irrégulières, etc. Et supposez la guerre : il faut tripler le chiffre. Et combien de ces hommes reviendraient chez eux! Et de ceux qui reviendraient, combien reviendraient-ils entiers! Et c'est la population jeune et valide, c'est la force de la nation qu'on blesse quand on ne tue pas. Et l'on plaint l'agriculture de manquer de bras.

Voyons ce que coûtent à l'Europe ces armées.

Je prends toujours le temps de paix et je néglige les crédits extraordinaires. Voici ce que dépense l'Europe régulièrement, en temps de paix, pour la guerre :

France....................	552.941.362
Allemagne.................	409.769.942
Russie.....................	636.446.176
Autriche...................	329.254.720
Grande-Bretagne............	401.495.262
Italie......................	171.871.736
Suisse.....................	13.298.367
Espagne....................	122.291.918
Belgique...................	41.063.000
Turquie....................	115.816.475

En somme, pour dix Etats, deux milliards six cent quatre-vingt-quatre millions deux cent quarante-sept mille huit cent cinquante-huit francs par an. Dans quelles proportions ce budget de la paix monte en temps de guerre, un seul chiffre le dira : la guerre de Crimée a englouti huit milliards cinq cents millions.

Et quand on se demande pourquoi ces huit milliards et demi perdus et sept cent cinquante mille hommes tués! Pour que l'Angletere nous fît tirer du feu de Sébastopol des marrons qu'elle n'a même pas mangés, car le traité de Paris est depuis longtemps un papier mis de côté, Sébastopol est rebâti et la Russie est plus près de Constantinople qu'elle n'était.

Pour ne parler que de la France, les guerres entreprises par le dernier empire ont coûté près de quatorze milliards !

Réfléchissez à ce que la France aurait pu faire avec ces quatorze milliards jetés à l'eau, — non, au sang !

L'avenir, c'est le désarmement total, les peuples unis d'Europe en attendant les peuples unis du monde ; pour toute armée, une milice internationale ; le budget de la guerre devenu le budget de l'instruction publique et employant à faire des hommes les milliards qu'il prodigue à faire des cadavres.

La France, étant en République, ne peut vivre aujourd'hui que par la paix.

Les monarchies ne peuvent vivre que par la guerre.

Voyez ce qui se passe autour de nous : les monarchies tremblent sur leurs bases, ne se tiennent plus, et chaque peuple, le jour où il comprendra que la véritable sécurité repose tout entière sur la République avec la paix et le travail, pourra d'un souffle renverser toutes les tyrannies.

Je dirai à ceux qui nous gouvernent :

Ne craignez pas la liberté ! Donnez-la tout entière ; car elle vous apportera le calme et le bonheur. Il faut marcher droit devant vous, sans regarder en arrière, la sainte liberté protègera la France !

Vous avez entre vos mains l'héritage de nos pères : les vrais principes de la Révolution française ; ne les laissez pas dépérir.

Prenez ce flambeau !

Elevez-le autant que vous le pourrez, afin que toute la terre puisse un apprécier les bienfaits; une aurore nouvelle se lèvera par le symbole de la paix, et nous verrons tomber tous ces gouvernements despotiques qui nous entourent.

N'écoutez pas les conseils de ces hommes perfides qui ont toujours peur de la lumière.

Oh ! alors, la France redeviendra ce qu'elle n'aurait dû cesser d'être : la première nation du monde par la paix ! le travail ! et la liberté !

Vous aurez de cette manière-là, sans vous en apercevoir, fondé les Etats-Unis d'Europe !

D'un autre côté, vous aurez bâti, comme je l'ai dit au commencement de cet ouvrage, l'édifice qui doit contenir les nouvelles générations à l'abri des révolutions.

L'humanité tout entière vous en sera reconnaissante, *et vous aurez bien mérité de la patrie !*

Je termine en disant que ces pages ont été écrites par un simple citoyen, qui a assisté d'une manière complètement désintéressée à ces mémorables événements; et que si parfois des personnes venaient à ne pas partager toutes ses appréciations, qu'il croit justes, elles peuvent être assurées, d'ores et déjà, qu'il n'a eu en vue que de pouvoir arriver à faire le bonheur de sa patrie !

Il ose espérer que la France pourra encore chanter l'aurore de ses beaux jours !

Vive la France ! Vive la République !

Paris. — Imp. Dubuisson et C°, rue Coq-Héron, 5.

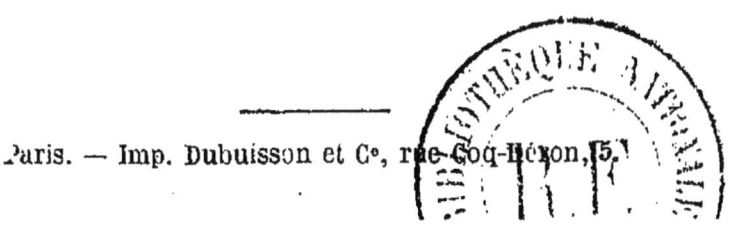

CHEZ LE MÊME ÉDITEUR

Histoire de la Capitulation de Metz. Enquête sur Bazaine et Coffinières. Trente-neuf pièces historiques annotées, entre autres cinq récits du siège et de la capitulation de Metz. Brochure in-8. . . . . 1 »

Les Allemands chez eux et chez nous, par CHARBONNIER. 1 vol. in-12. . . . . 2 »

Les Vaincus de Metz, par E. J***. 1 vol. in-8 avec carte. . . . . 6 »

L'Homme de Metz, par le Comte Alfred de LA GUERONNIÈRE. 6ᵉ édit. Brochure in-8. . . . . . 1 »

L'Homme de Sedan, par le même. 12ᵉ édit. Brochure in-8. . . . . 1 »

La France et l'Europe pendant le siège de Paris, par MAQUEST (Pierre). (18 septembre 1870 — 28 janvier 1871). Bazaine — Thiers — Gambetta. 1 fort vol. grand in-8 broché . . . . 6 »

Le Drame de Metz, par le Père MARCHAL, aumônier de l'ex-garde impériale. 27ᵉ édit. Broc. in-8. . . 1 »

Réquisitoire du Général Pourcet, commissaire spécial du Gouvernement dans le procès du maréchal Bazaine. 1 vol. in-8. . . . . . . 2 »

Procès du maréchal Bazaine, *compte rendu des débats du 1ᵉʳ conseil de guerre*. Précédé d'une introduction et suivi d'une table analytique des matières, d'une table alphabétique des témoins et d'une bibliographie des principaux ouvrages à consulter sur l'histoire de l'armée du Rhin et du siège de Metz. 1 fort volume in-8. . . . . 6 »

Trahison de Bazaine, par Eugène R***. Brochure in-8. . . . . 1 »

Rapport officiel du Conseil d'enquête sur les capitulations de Laon, Toul, Soissons, Schlestadt, Verdun, Neufbrisach, Phalsbourg, Montmédy, Amiens, La Fère, Thionville, Paris, Guise, Mézières, Petit-Pierre, Marsal, fort de Lichtemberg. Broch. in-8. 1 »

Rapport officiel du Conseil d'enquête sur la capitulation de Sedan, suivi du protocole de la capitulation. Broch. in-8, avec une carte coloriée. » 75

La capitulation de Metz, par le capitaine ROSSEL. Brochure in-8. . . . . » 60

Les derniers jours de Metz. Brochure in-8 . . » 50

www.ingramcontent.com/pod-product-compliance
Lightning Source LLC
Chambersburg PA
CBHW050346170426
43200CB00009BA/1752